DEUX
BRETONS

PAR

XAVIER DE MONTÉPIN

1

PARIS
ALEXANDRE CADOT, ÉDITEUR
37, rue Serpente

1857

DEUX BRETONS

Ouvrages de Paul Duplessis.

Batteur d'Estrade.	3 vol.
Les grands jours d'Auvergne	9 vol.
La Sonora	4 vol.
Un monde inconnu	2 vol.
Les Etapes d'un Volontaire.	12 vol.
Le Capitaine Bravaduria.	2 vol.

Ouvrages de Xavier de Montépin.

Mademoiselle La Ruine.	6 vol.
Deux Bretons.	6 vol.
La Syrène.	2 vol.
L'Idiot.	5 vol.
Perle (la) du Palais-Royal.	3 vol.
Confessions d'un Bohême (1re partie).	5 vol.
Vicomte (le) Raphaël (2e partie).	5 vol.
Les Oiseaux de nuit. (3e partie, fin)	5 vol.
Les Chevaliers du lansquenet.	10 vol.
Pivoine.	2 vol.
Mignonne (suite de *Pivoine*).	3 vol.
Brelan de Dames.	4 vol.
Le Loup Noir	2 vol.
Les Viveurs d'autrefois.	4 vol.
Les Valets de Cœur.	5 vol
Un Gentilhomme de grand chemin	5 vol.
Sœur Suzanne.	4 vol.
Les Viveurs de Paris	13 vol.
Première partie Le Roi de la mode	5 vol.
Deuxième partie Club des Hirondelles	4 vol.
Troisième partie Les Fils de famille	5 vol.
Quatrième partie Le Fil d'Ariane	3 vol.
Geneviève Gaillet.	2 vol.

Ouvrages de Paul de Kock.

La demoiselle du cinquième.	6 vol.
Madame de Monflanquin.	5 vol.
La Bouquetière du Château-d'Eau	6 vol.
Un Monsieur très tourmenté.	2 vol.
Les Etuvistes.	8 vol.

Fontainebleau, imprimerie de E. Jacquin.

DEUX BRETONS

PAR

XAVIER DE MONTÉPIN

PARIS
ALEXANDRE CADOT, ÉDITEUR
37, rue Serpente

1857

PREMIÈRE PARTIE

LE CHATEAU DE PIRIAC

1

Un pays à vol d'oiseau.

Non loin de l'embouchure de la Loire et à cinq ou six lieues à peu près du bourg de Saint-Nazaire — à trois lieues environ de la curieuse ville de Guérande — la mer forme une anse régulière et parfaitement arrondie, enfermée entre deux promontoires, dont l'un s'appelle la *Pointe du Croisic* et l'autre la *Pointe d'Enfer*.

L'anse elle-même se nomme indifféremment *Anse de Pembron* ou *Anse de la Turballe*, de même que la *Pointe d'Enfer* se désigne également sous le nom de *Pointe de Piriac*.

Le Croisic — personne ne l'ignore — est un gros bourg situé presqu'à la pointe du premier de ces promontoires.

Piriac — peu de gens le savent — est un petit village bâti à l'extrémité du second.

Nous voudrions donner aussi brièvement que possible à nos lecteurs une idée à peu près exacte du pays, remarquable à tous égards, dans lequel vont se passer quelques-unes des scènes de ce livre.

Mais voici que nous nous souvenons tout à coup que notre maître à tous, Balzac, a parlé dans un de ses livres du Croisic et de Guérande.

Oser décrire après l'immortel romancier serait impudence ou folie — nous ne pouvons mieux faire que de lui emprunter quelques-unes de ces lignes qui peignent mieux que le pinceau d'un grand artiste.

La Bretagne — dit Balzac — possède

encore aujourd'hui quelques villes complétement en dehors du mouvement social qui donne au dix-neuvième siècle sa physionomie. — Ces villes entendent ou regardent passer la civilisation nouvelle comme un spectacle — elles s'en étonnent sans y applaudir, et, soit qu'elles la craignent ou qu'elles s'en moquent, elles sont fidèles aux vieilles mœurs dont l'empreinte leur est restée.

Une de ces villes où se retrouvent le plus correctement la physionomie des siècles féodaux est Guérande.

Ce nom seul réveillera mille souvenirs dans la mémoire des peintres, des artistes, des penseurs, qui peuvent être allé jusqu'à la côte où gît ce magnifique joyau de féodalité, posé pour commander les relais de la mer et les dunes, et qui est comme le sommet d'un triangle au coin duquel se trouvent deux autres bijoux non moins curieux, le Croisic et le bourg de Batz.

Après Guérande il n'est plus que Vitré, situé au centre de la Bretagne, Avignon, dans le midi, qui conservent au milieu de notre époque leur intacte configuration du moyen-âge.

Encore aujourd'hui Guérande est enceinte de ses puissantes murailles — ses larges douves sont pleines d'eau — ses créneaux sont entiers — ses meurtrières ne sont pas encombrées d'arbustes — le lierre n'a pas jeté de manteau sur ses tours carrées ou rondes.

Elle a trois portes où se voient les anneaux des herses. — On n'y entre qu'en passant sur un pont-levis de bois ferré qui ne se relève plus, mais qui pourrait encore se lever.

Là les maisons n'ont point subi de changement — elles n'ont ni augmenté, ni diminué. — Nulle d'elle n'a senti sur sa façade le marteau de l'architecte, le pinceau du badigeonneur, ni faibli sous le poids d'un étage ajouté.

Toutes ont leur caractère primitif.

Quelques-unes reposent sur des piliers de bois qui forment des galeries sous lesquelles les passants circulent et dont les planchers crient sans rompre.

Les maisons des marchands sont petites et basses, à façades couvertes en ardoises clouées.

Les bois, maintenant pourris, sont entrés pour beaucoup dans les matériaux sculptés aux fenêtres et aux appuis — ils s'avancent au-dessus des piliers en visages grotesques, ils s'avancent en forme de bêtes fantastiques aux angles, animés par la grande pensée de l'art qui, dans ce temps, donnait la vie à la nature morte.

Ces vieilleries qui résistent à tout présentent aux peintres ces tons bruns que leurs brosses affectionnent.

Les rues sont ce qu'elles étaient il y a

quatre cents ans, seulement, comme la population n'y abonde plus, comme le mouvement social y est moins vif, un voyageur curieux d'examiner cette ville, aussi belle qu'une armure antique complète, pourra suivre, non sans mélancolie, une rue presque déserte où les croisées de pierres sont bouchées en pisé pour éviter l'impôt.

Cette rue aboutit à une poterne condamnée par un mur en maçonnerie et au-dessus de laquelle croît un bouquet d'arbustes, élégamment posé par les mains de la nature bretonne, l'une des plus luxuriantes, des plus plantureuses végétations de la France.

Un peintre, un poète, resteront assis,

occupés à savourer le silence profond qui règne sous la voûte encore neuve de cette poterne, où la vie de cette paisible cité n'envoie aucun bruit, où la riche campagne apparaît dans sa magnificence à travers les meurtrières occupées jadis par les archers, les arbalétriers, et qui ressemblent aux vitraux à points de vue ménagés dans quelques belvéders.

Il est impossible de se promener là sans penser à chaque pas aux usages, aux mœurs du temps passé. — Toutes les pierres nous en parlent : — enfin les idées du moyen-âge y sont encore à l'état de superstition.

Si, par hasard, il passe un gendarme à chapeau bordé, sa présence est un anachronisme contre lequel votre pensée proteste. — Mais rien n'est plus rare que d'y rencontrer un être ou une chose du temps présent.

Il y a même peu de chose du vêtement actuel, ce que les habitants en admettent s'approprie en quelque sorte à leurs mœurs immobiles, à leur physionomie stationnaire.

La place publique est pleine de costumes bretons que viennent dessiner les artistes, et qui ont un relief incroyable.

La blancheur des toiles que portent les *paludiers*, nom des gens qui cultivent le sel dans les marais salants, contraste vigoureusement avec les couleurs bleues et brunes des *métayers*, avec les parures originales et saintement conservées des femmes.

Ces deux classes et celle du marin à jaquette, à petit chapeau de cuir verni, sont aussi distinctes entre elles que les castes de l'Inde, et reconnaissent encore les distances qui séparent la bourgeoisie, la noblesse et le clergé.

Là, tout est tranché.

Là, le niveau révolutionnaire a trouvé les masses trop raboteuses et trop dures pour y passer; — il s'y serait ébréché, sinon brisé.

Le caractère d'immuabilité que la nature

a donné à ses espèces géologiques se retrouve là chez les hommes. — Enfin, même après les révolutions de 1830 et de 1848, Guérande est encore une ville à part, essentiellement bretonne, catholique, fervente, silencieuse, recueillie, où les idées nouvelles ont peu d'accès.

La position géographique explique en partie ce phénomène ; cette jolie cité commande des marais salants dont le sel se nomme, dans toute la Bretagne, *sel de Guérande*, et auquel beaucoup de bretons attribuent la bonté de leur beurre et des sardines.

Elle ne se relie à la France moderne que par deux chemins, celui qui mène à Savenay, la sous-préfecture dont elle dépend, et qui passe à Saint-Nazaire. — Celui qui mène à Vannes et qui la rattache au Morbihan.

Le chemin de Savenay établit la communication par terre, et celui de Saint-Nazaire la communication maritime avec Nantes.

La voie la plus rapide, la plus usitée, est celle de Saint-Nazaire. — Jetée au bout du continent, Guérande ne mène donc à rien, et peu de gens viennent à elle — excepté les étrangers qui la traversent pour arriver au Croisic, où ils vont prendre les bains de mer, lesquels, dans les roches et sur les sables de cette presqu'île, ont une vertu supérieure à ceux de Boulogne, de Dieppe, de Trouville, etc.

Guérande est l'Herculanum de la féodalité, moins le linceul de lave.

Elle est debout sans vivre, elle n'a pas d'autres raisons d'être que n'avoir pas été démolie.

Si vous arrivez à Guérande par le Croisic, après avoir traversé le paysage des marais salants, vous éprouvez une vive émotion à la vue de cette immense fortification encore toute neuve.

Le pittoresque de sa position et les grâces naïves de ses environs ne séduisent pas moins quand on y arrive par Saint-Nazaire.

A l'entour, le pays est ravissant, — les

haies sont pleines de fleurs, de chèvrefeuilles, de buis, de rosiers, de belles plantes.

Vous diriez d'un jardin anglais dessiné par un grand artiste.

Cette riche nature, si coite, si peu pratiquée et qui offre la grâce d'un bouquet de muguets et de violettes dans le fourré d'une forêt, a pour cadre un désert d'Afrique bordé par l'Océan, mais un désert sans un arbre, sans une herbe, sans un oiseau, où, par les jours de soleil, les *paludiers* vêtus de blanc et clairsemés dans les tristes marécages où se cultive le sel, font croire à des Arabes couverts de leurs burnous.

Aussi Guérande, avec son joli paysage en terre ferme, avec son désert bordé à droite par le Croisic, à gauche par le bourg de Batz, ne ressemble-t-elle à rien de ce que les voyageurs voient en France.

Ces deux natures si opposées, unies par la dernière image de la vie féodale, ont je ne sais quoi de saisissant.

La ville produit sur l'âme l'effet que produit un calmant sur le corps — elle est silencieuse autant que Venise.

Les paysans viennent à cheval — la plupart apportant des denrées dans des sacs. — Ils y sont conduits surtout, de même que les paludiers, par la nécessité d'y acheter les bijoux particuliers à leurs castes et qui se donnent à toutes les fiancées bretonnes, ainsi que la toile blanche ou le drap de leurs costumes.

A dix lieues à la ronde, Guérande est toujours Guérande, la ville illustre où se signa le traité fameux dans l'histoire, la clé de la côte, et qui accuse, non moins que le bourg de Batz, une splendeur aujourd'hui perdue dans la nuit des temps.

Les bijoux — le drap — la toile, les rubans, les chapeaux se font ailleurs, mais ils sont de Guérande pour tous les consommateurs.

Tout artiste, tout bourgeois même qui passe par Guérande, y éprouvent, comme ceux qui séjournent à Venise, un désir bien vite oublié, celui d'y finir leurs jours dans la paix, dans le silence, en se promenant, par les beaux temps, sur le mail qui enveloppe la ville du côté de la mer, d'une porte à l'autre.

Parfois l'image de cette ville revient frapper au temple du souvenir — elle entre, coiffée de ses tours, parée de sa ceinture — elle déploie sa robe semée de belles fleurs — secoue le manteau d'or de ses dunes — exhale les senteurs enivrantes de ses jolis petits chemins épineux, pleins de bouquets noués au hasard — elle vous appelle et vous occupe comme une femme divine que vous avez entrevue dans un pays étrange, et qui s'est logée dans un coin du cœur.

Le Croisic, qui prend avec orgueil le titre de *ville*, mais qui n'est, à proprement parler, qu'un gros bourg, conserve des vestiges d'une origine non moins illustre et non moins ancienne que celle de Guérande.

Beaucoup des vieilles maisons qui bordent le quai, parmi d'autres constructions plus modernes, sont bâties en un granit indestructible et d'après les plans d'une architecture inconnue ailleurs, — ou construites en bois, et portent encore aujourd'hui la trace des curieuses et fantastiques fantaisies des sculpteurs naïfs du moyen-âge.

Nous avons remarqué, en 1854, à l'angle de la corniche d'une de ces maisons, un cochon jouant bravement de la cornemuse, qui doit exister encore aujourdhui et qui est la chose du monde la plus originale et la plus réjouissante.

Comme à Guérande, mais dans une bien moindre proportion cependant, les mœurs et les coutumes du Croisic ont conservé jusqu'à ce jour un caractère qui leur est propre, mais qui, désormais, ne peut qu'aller en s'affaiblissant, à cause de l'affluence plus grande, d'année en année, des baigneurs qui viennent de Nantes, d'Angers, de Tours et même de Paris, attirés par la réputation bien méritée de la magnifique plage Saint-Michel et de l'établissement confortable, et admirablement tenu par Valentin, qui s'y trouve installé.

Depuis les quais du Croisic, et surtout depuis le premier étage des maisons situées sur ces quais, la vue est singulièrement belle et variée.

Et certes, jamais le mot *variée* ne put être employé à plus juste titre, car cette vue change d'aspect pour ainsi dire d'heure en heure, et se modifie d'une façon absolue deux fois par jour.

Voici comment et voici pourquoi :

Un vaste bassin de trois lieues de largeur et d'une régularité parfaite, sépare le Croisic de Guérande qui, assise au sommet d'une chaîne de mamelons peu élevés, ferme le paysage et borne l'horizon avec sa couronne de tours crénelées et sa ceinture de grandioses végétations.

Or, ce bassin qui, nous ne savons pourquoi, s'appelle le *Trait*, offre, aux heures de la marée basse, l'aspect d'une immense plaine de sable, d'un ton gris et jaune mélangé de taches blanches et de larges bandes vertes.

Quoique de nombreux cours d'eau sillonnent le *Trait* dans tous les sens, il semble, depuis le Croisic, qu'on pourrait facilement gagner en ligne directe et à pied sec les côteaux de Guérande.

Quand arrive l'heure du flux, l'Océan reprend son empire et vient remplir d'eau le bassin qui, de désert et sablonneux qu'il était avant, se métamorphose tout à coup en bras de mer et se peuple de nombreuses embarcations.

Rien de plus charmant pour le regard qui n'a pas encore eu le temps de se blaser sur ces aspects inattendus, que d'aussi brusques changements.

Certes, c'est l'une des plus merveilleuses entre ces innombrables féeries dont la nature est le machiniste sublime !

Si l'on suit les quais du Croisic dans toute leur longueur, on arrive à l'entrée des bassins située tout auprès de la promenade du *Lénigo*, et non loin de la jetée neuve, prodigieux monument d'une victoire éclatante remportée par l'homme sur son terrible ennemi l'Océan.

Le Lénigo s'appuie sur les ruines des vieux remparts croulants, des antiques bastions démantelés qui ceignaient autrefois le Croisic du côté de la mer, alors que le Croisic était une puissance maritime.

De ce côté finit la presqu'île.

Un courant rapide, large et profond, qui, tantôt emporte à l'Océan les eaux que déverse le *Trait*, tantôt, au contraire, vient couvrir le *Trait* des eaux gonflées de l'Océan, sépare le Croisic de la *Pointe* du *Ranz*, située à une distance qui nous paraît être d'une demi-portée de canon.

A la *Pointe du Ranz* commence l'anse de Pembron qui se termine, ainsi que nous le disions au commencement de ce chapitre, à la *Pointe d'Enfer*, où se trouve le village de Piriac.

Si l'on parcourt le demi-cercle parfait formé par les plages sablonneuses de la baie de Pembron, on ne rencontre, entre le Croisic et Piriac, qu'un seul hameau, la Turballe, célèbre parmi les gastronomes par l'exquise qualité des sardines qu'on y fait confire dans l'huile, et qui, soigneusement et hermétiquement scellées dans des boîtes de fer-blanc, se répandent dans l'Europe entière, pour la plus grande satisfaction de messieurs les gourmets.

Les habitants de Piriac et de la Turballe ont, pour gagner Guérande, des sentiers en terre ferme, mais, si leurs affaires les appellent au Croisic, il leur faut, soit tirer au court en traversant la baie dans toute sa largeur, en canot, — soit venir pédestrement et en côtoyant les dunes jusqu'à la pointe du Ranz, et, là, faire un appel au passeur du Croisic dont la barque stationne sans cesse au pied du Lénigo.

Ce passeur, vieux brave homme borgne et éclopé, d'une laideur aussi invraisemblable que celle des mascarons grotesques sculptés aux porches des églises du moyen-âge, vous transporte à toute heure et par tous les temps de l'autre côté du bras de mer, moyennant une modique rétribution de dix centimes par personne.

Cette traversée est bien courte, et cependant par de certains vents, surtout à l'époque des grandes marées des équinoxes, elle n'est pas sans danger.

II

Le château de Piriac. — Portraits de famille.

Les plages bretonnes, du moins dans cette partie du littoral où nous allons placer momentanément l'action de notre livre, n'offrent aucun rapport avec ces magnifiques côtes de la Normandie qui, grâce aux chemins de fer de la rue d'Amsterdam, sont aujourd'hui aussi bien connues des Parisiens que la banlieue de Paris elle-même.

Riche ou pauvre, il n'est personne aujourd'hui, dans la grande ville, qui n'ait fait un *Voyage à la mer.*

Les trains de plaisir ont mis à la portée de toutes les bourses et de toutes les admirations les splendides falaises de Sainte-Adresse, d'Étretat, de Fécamp, du Tréport, et, en face de ces spectacles sublimes, les plus prosaïques de tous les bourgeois ont senti pénétrer dans leurs lourdes intelligences un sentiment jusqu'alors inconnu et qui n'était autre qu'une vague perception de la poésie de l'immensité et de l'infini.

Les grèves de l'Océan, entre l'embouchure de la Loire et celle de la Vilaine, n'ont point cet aspect grandiose et saisissant.

« Du sable... puis du sable... »

a dit Victor Hugo, dans la plus belle de ses *Orientales*, en parlant du *Saharah*.

« Du sable... puis du sable... »

pouvons-nous, dire à notre tour, à propos de la majeure partie des côtes de la Loire Inférieure.

Certes, ce sable a bien son mérite — il

est doux aux regards — il est doux aux pieds nus des baigneurs — il offre aux amateurs de conquiologie une profusion de charmants coquillages dont quelques-uns ont le mérite de la rareté, outre celui de l'élégance de la forme et de la vivacité des couleurs.

Mais, à ce sable fin et brillant, nous préférons, et de beaucoup, la sombre majesté des falaises granitiques hantées par les mouettes et les goëlands, et nous passons volontiers par-dessus le notable inconvénient des plages de galets roulés, hostiles non-seulement aux pieds nus mais encore aux pieds chaussés.

La Pointe d'Enfer, par exception, offre

un amoncellement de roches bouleversées d'un effet pittoresque et terrible, au milieu desquelles la mer, en ses jours de fureur, vient se briser avec des mugissements terribles, lançant vers le ciel sombre ses nappes d'écume, comme le défi impie de Julien l'Apostat.

Des écueils sous-marins, excessivement dangereux, situés à quelque distance et signalés par de nombreux sinistres, ont valu à la Pointe de Piriac son nom lugubre de *Pointe d'Enfer*.

A partir de ces roches, véritable chaos titanesque situé à l'extrémité du promontoire, le terrain va en s'abaissant graduellement et, sur le versant de cette espèce de plateau, s'élève le village de Piriac.

Le mot *hameau* conviendrait mieux, sans doute, pour désigner une réunion de quarante ou cinquante chaumières de l'aspect le plus misérable pour la plupart.

Ces chaumières s'éparpillent autour d'une construction importante, moitié féodale, moitié moderne, attenant à un vaste enclos entouré d'un mur en pierres sèches.

Cette construction est le château de Piriac.

La partie féodale se compose d'un corps de logis carré, flanqué d'une tourelle en forme de poivrière à chacun de ses angles.

Une porte de style ogival donne accès dans la cour intérieure.

Jadis, un pont-levis conduisait à cette porte, et s'abaissait sur des fossés aujourd'hui comblés qui entouraient le château. — L'écusson seigneurial, surmonté d'un tortil de baron, se voit encore au sommet de l'ogive.

A ce corps de logis, dont l'état de conservation est admirable, plusieurs petits bâtiments destinés à divers usages ont été ajoutés depuis cent ou cent cinquante ans, par les propriétaires successifs, appartenant tous du reste à la même famille, car le domaine et le château de Piriac n'ont jamais cessé d'être la propriété des barons de ce nom.

De nombreuses tentatives ont été faites à toutes les époques pour métamorphoser en parc le vaste enclos dont nous parlions il n'y a qu'un instant.

La plupart de ces tentatives sont demeurées sans résultat.

Le terrible vent de mer est pour les jeunes arbres le plus implacable de tous les ennemis. — Il a tordu, desséché, anéanti la plus grande partie des plantations, et c'est à peine si quelques arbres plus robustes ont survécu, mais déjetés, difformes, mal bâtis, mal venus — semblant enfin réclamer le plus complet des traitements orthopédiques du règne végétal.

Cependant une charmille centenaire ombrage tant bien que mal de ses rameaux maigres et rabougris une terrasse élevée, qui se trouve à l'extrémité de l'enclos et qui domine la mer.

Cette charmille et cette terrasse passent, dans le pays, pour deux merveilles sans secondes.

Les métayers de Piriac et de la Turballe comparent avec orgueil les arbres de la charmille du château aux végétations de la promenade du *Lénigo* et de celle du *Mont-Esprit*, au Croisic, lesquelles sont cependant, comme chacun sait, à l'abri du vent de la mer.

Toujours en vertu de ce pouvoir discrétionnaire de romancier qui ne permet point qu'un intérieur, même le mieux défendu contre les curieux et les indiscrets, reste mûré pour nous — nous allons pénétrer dans le château de Piriac et faire connaissance avec ses habitants.

Ceux-ci — au moment où se passaient les faits que nous racontons, c'est-à-dire au mois de juillet de l'année 185*, — étaient au nombre de quatre. — Il est bien entendu que nous ne parlons que des maîtres — nous nous occuperons plus tard des serviteurs, s'il y a lieu.

C'était d'abord le chef de la famille, le baron Charles-Gabriel-Yvon de Piriac.

Puis madame Sabine de Piriac, sa femme, née de Gueffès.

Puis leurs deux enfants, — Paul Yvon — et Marie-Geneviève.

Le baron était un homme de cinquante-cinq ou cinquante-six ans, très grand, très maigre, très vigoureusement taillé — un de ces hommes tout nerfs et tout muscles dont le langage populaire désigne admirablement la nature indestructible en disant : — *Ils sont bâtis à chaux et à sable.*

Le visage de M. de Piriac offrait de grands traits, des lignes régulières, un air de distinction natif que ne pouvait détruire la teinte bronzée que les feux du soleil, les vents de la côte et les exhalaisons salines de la mer avaient étendu sur une peau tannée et parcheminée.

Le baron ne portait point de moustaches — ses favoris presque blancs rejoignaient ses cheveux grisonnants et taillés en brosse, rebroussés sur leurs racines vers les tempes et découvrant un front large qui semblait par sa structure dénoter une intelligence supérieure à celle qu'il contenait réellement.

Les lèvres de M. de Piriac étaient fraîches encore et ses dents bien conservées. — Ses sourcils noirs et ses yeux vifs donnaient à l'ensemble de sa figure une apparence de jeunesse qui ne supportait pas l'examen.

La toilette du baron, en été, affectait une simplicité des plus primitives. Elle consistait en un pantalon de toile grise, retombant sur de gros souliers lacés — en un gilet et une jaquette d'étoffe pareille à celle du pantalon — enfin en une cravate noire, tordue négligemment autour du cou, et en une casquette de toile cirée.

Ainsi vêtu, M. de Piriac aurait pu ressembler aux premiers venus des boutiquiers ou des bourgeois de Guérande ou du Croisic.

Il n'en était rien cependant.

Tel que nous venons de le décrire, il y avait en lui quelque chose, un je ne sais quoi, que nous serions bien embarrassé de définir et d'expliquer, et qui, dès le premier coup d'œil, décelait un vieux gentilhomme.

Madame de Piriac, moins âgée que son mari de près de dix ans, avait été très belle — un regard observateur retrouvait sans peine, dans les traits fatigués de son visage, les lignes admirablement pures d'une beauté complète et inattaquable.

Ses grands yeux, d'un azur presque aussi pâle que celui d'une mer calme dans laquelle le ciel se reflète, n'avaient rien perdu de leur admirable expression.

Ses cheveux conservaient, comme aux jours de sa jeunesse, leur soyeuse abondance — seulement, à leurs ondes brunes commençaient à se mêler de nombreux filets blancs.

L'expression habituelle du visage de madame de Piriac était une mélancolie douce, et ce visage portait l'empreinte d'une distinction plus incontestable encore que celle du baron.

Paul-Yvon — que tout le monde appelait: *Monsieur Paul* — le fils aîné de M. de

Piriac, approchait de sa vingt-cinquième année.

Il avait la taille et la force de son père, auquel il ressemblait traits pour traits — ses joues et ses mains hâlées comme celles d'un paludier ou d'un marin, offraient les preuves irrécusables d'une vie passée en plein air, sous le soleil et la pluie.

A coup sûr Paul devait être un hardi pêcheur — un chasseur infatigable.

Sans doute ce jeune homme manquait de cette grâce noble et même quelque peu efféminée qui plaît tant aux filles d'Ève, mais il réalisait en toute sa personne un admirable type de vigueur nerveuse et d'aventureuse énergie.

Sa beauté pouvait ne point séduire certaines femmes, mais il était impossible de nier ou de contester cette beauté.

Ainsi que son père il portait habituellement un costume complet de toile grise.

De fines moustaches brunes cachaient à demi sa lèvre supérieure — une barbe soyeuse et touffue, que le rasoir n'avait jamais touchée, couvrait tout le bas de son visage.

Ses cheveux, un peu longs, s'échappaient en boucles naturelles de dessous un petit chapeau de paille, à bords étroits, recouvert en toile cirée, tel que ceux dont se coiffent assez habituellement les marins.

Il ne nous reste plus à décrire que Marie-Geneviève, la sœur de Paul, et nous connaîtrons toute la famille.

Chacun croyait — et madame de Piriac plus que tout le monde — que Paul-Yvon serait fils unique, lorsque les symptômes d'une seconde grossesse se manifestèrent, sept ans après la naissance du premier enfant.

C'est dire que puisque Paul n'avait pas

encore vingt-cinq ans, Marie-Geneviève allait en avoir dix-huit.

Il était impossible de voir quelque chose de plus parfaitement beau que cette jeune fille — il était impossible de trouver une femme qui réalisât mieux et plus complétement le marbre divin que nous a légué, comme l'un de ses plus purs chefs-dœuvre, la statuaire antique, et qui s'appelle *la Diane chasseresse.*

C'était une beauté souverainement forte et puissante — confiante dans sa puissance et dans sa force — calme, tranquille, et qu'on aurait pu trouver trop majestueuse et trop imposante peut-être, si les lèvres rouges comme du corail humide, et un peu bombées, n'eussent dénoté une nature bienveillante et tendre, et si l'œil d'un bleu de bluet et d'une angélique candeur, n'eut tempéré, par la douceur de son expression, la solennelle dignité d'un profil de déesse.

Marie-Geneviève — on doit le deviner au portrait que nous traçons — était d'une taille au-dessus de la moyenne.

Une robe de coutil écru, taillée en-amazone et légèrement usée, dessinait les merveilleux contours de son buste — mettait en relief les beautés d'un corsage tout à la fois svelte et riche, et le vigoureux développement des hanches.

Une chevelure d'une admirable opulence et d'une teinte d'un chatain-clair à reflets dorés, encadrait dans ses nattes épaisses et soyeuses un front de poète et d'enfant, un front blanc et rêveur, pour aller se réunir derrière la tête en une double et brillante couronne.

Car Marie-Geneviève, ignorante de la mode mais dirigée par un goût sûr, avait trouvé tout simple de renouveler par sa charmante tête les coiffures athéniennes de belles filles de l'Ionie.

III

M. de Piriac.

Nous venons de tracer, dans le précédent chapitre, une silhouette rapide du portrait physique de nos nouveaux personnages.—Pour achever de les faire connaître, donnons en peu de lignes un très court aperçu de leurs caractères et de leur façon de vivre.

Aussitôt après, notre récit, beaucoup trop descriptif jusqu'à présent, changera d'allure et marchera d'un pas rapide.

Venu au monde dans l'une des dernières années du siècle dernier, M. de Piriac était le seul rejeton en ligne directe d'une famille ultra-monarchique, ainsi que la plupart de celles de la vieille aristocratie bretonne.

Fils unique et par conséquent gâté par sa mère, comme le sont presque tous les fils uniques, le baron reçut d'un précepteur suranné — fort respectable ecclésiastique d'ailleurs, mais imbu de préjugés gothiques — une éducation extrêmement médiocre.

Durant son enfance tout entière et sa première jeunesse, il entendit répéter à satiété que les gentilshommes d'autrefois ne savaient pas signer leur nom, et qu'il était complètement inutile que lui, leur descendant, et qui plus est héritier d'une belle fortune, devînt un puits de science comme le premier croquant venu qui aurait besoin, pour vivre, de tirer partie de son érudition.

M. de Piriac avait de l'esprit naturel, mais son intelligence était lente.

Il lui convint fort de ne point fatiguer cette intelligence à toutes sortes d'études abstraites, et il resta aussi complètement ignorant que puisse souhaiter de l'être tout bon gentilhomme breton.

Orphelin de très bonne heure et maître d'une fortune de vingt à vingt-cinq mille livres de rente — ce qui, dans les environs du Croisic, représente au moins cinquante mille écus de revenu à Paris — le baron de Piriac ne se montra nullement disposé à gaspiller cette fortune en prodigalités folles.

Le trait distinctif du caractère de M. de Piriac, fut, dès sa jeunesse, une passion d'économie qui, sans être absolument de l'avarice, n'en était cependant pas très éloignée.

Le baron se montra, dès l'abord, un administrateur de premier ordre.

Le domaine de Piriac ne valait guère que cent cinquante mille francs — le reste de la fortune du baron consistait en argent comptant.

Il étonna son notaire de Nantes par l'habileté avec laquelle il savait trouver pour ses fonds de bons placements, bien sûrs, et à gros intérêts.

Bientôt ses revenus augmentèrent dans

une proportion notable et il les capitalisa avec amour.

Le baron vivait d'une façon si simple et si peu coûteuse qu'il ne devait guère dépenser plus de mille écus par an — passant hiver comme été dans son château de Piriac — pêchant la sardine pour se distraire — chassant aux lapins sur les dunes — aux oiseaux de passage dans les marais salants — recevant peu — buvant de gros cidre et n'ayant pour tout domestique qu'une vieille cuisinière — un valet pour le jardin et l'intérieur, et un autre qui accompagnait le baron à la chasse et à la pêche, et soignait en outre deux petits chevaux bretons à deux fins, du prix de cinquante écus la pièce, excellents et infatigables bidets que le baron montait alternativement, ou qu'il attelait ensemble à une sorte de carriole extrêmement peu suspendue.

Vers 1820, le baron, alors âgé de vingt-deux ou vingt-trois ans, fit ce que lui-même, et pendant bien des années, appela une *grosse folie*.

Il s'en alla visiter Paris.

Son voyage dura trois mois.

Pendant ces trois mois, quelle fut l'existence du baron ?

Personne n'en reçut jamais l'entière

confidence, et nous paririons volontiers que M. de Piriac, enlacé quoiqu'il en eût dans les anneaux de ce serpent qui s'appelle la corruption parisienne, fit de nombreuses libations sur les autels profanes de la Vénus des galeries de bois, et vit se fondre quelques billets de mille francs sur les tapis verts du 113 ou de Frascati.

Toujours est-il qu'au bout de ces quatre-vingt-dix jours d'école buissonnière, le baron revint à Piriac en se promettant bien de n'en plus sortir, et — disons-le — il s'était tenu parole jusqu'au moment où commence ce récit.

Nous ne saurions affirmer que les passions du baron fussent bien vives — toujours est-il que, pendant un laps de sept ou huit ans, on ne lui connut guère que deux ou trois fantaisies pour quelques jolies filles de ses métayers ou de ses paludiers, caprices de courte durée et qui ne tiraient point à conséquence.

Les jeunes filles se sentaient fort honorées de la préférence du baron, et, quant aux parents, ils ne se rendaient pas compte d'une façon bien claire que le droit du seigneur était aboli.

Ils continuaient à considérer M. de Piriac comme leur seigneur, tout comme si la révolution de 93 n'avait point passé sur les priviléges féodaux.

Les proconsuls et les soldats bleus de la République leur avaient fait tant de peur et tant de mal, qu'ils envisageaient comme choses odieuses les bienfaits mêmes de cette république à bon droit détestée.

Ils ne se disaient point, avec le poète de Mantoue : —

Timeo danaos et dona ferentes.

Mais ils pensaient l'équivalent.

Lorsque M. de Piriac fut au moment d'atteindre sa trentième année, il songea tout à coup qu'il était essentiel de se marier, pour deux raisons :

La première c'est qu'il commettait un crime de lèse-noblesse et de lèse-Bretagne en laissant s'éteindre en lui un nom antique et jadis illustre...

La seconde c'est qu'un bon mariage ne manquerait point de doubler sa fortune.

Aussitôt que ces idées se furent ancrées dans son esprit, M. de Piriac se mit en devoir de chercher une femme qui pût lui convenir sous tous les rapports.

Il la voulait jeune, jolie, bien née, et, tout au moins, à demi-millionnaire.

Or, elles ne manquent point, au pays

de Bretagne, les descendantes d'un vieux nom chevaleresque...

Elles ne manquent point non plus, les belles filles à la taille de reine et au visage fier et celtique, aussi blanc que les hermines du blason breton...

Mais, comme partout et plus que partout, les héritières d'un demi-million sont rares dans les limites des anciens États de la bonne duchesse Anne.

Cependant, à forces de recherches, le baron de Piriac finit par découvrir qu'aux environs de Malestroit, dans un petit castel, vivait avec son père une fleur de noblesse et de beauté, mademoiselle Sabine de Gueffès, fille unique et jouissant déjà de la fortune maternelle estimée tout au bas mot à deux cent mille livres en bonnes terres au soleil.

Le vieux vicomte de Gueffès ne manquerait point d'en laisser autant et même davantage à sa seule enfant.

Le parti était sortable, — le demi-million né serait peut-être point absolument complet — mais on parlait beaucoup de l'éclatante beauté de mademoiselle Sabine, et quelques charmes de plus pouvaient, à tout prendre, compenser quelques mille livres de moins.

M. de Piriac commanda une garde-robe

complète et de la plus parfaite élégance à son tailleur de Nantes, et fit faire en même temps une fort brillante livrée pour l'un de ses valets.

Papiers de famille et d'affaires — titres de noblesse et titres de fortune, furent soigneusement empaquetés dans le coffre de la carriole, et M. de Piriac, faisant atteler ses deux petits chevaux bretons, partit pour Malestroit où, par faveur spéciale de la Providence, il avait un parent fort éloigné, le chevalier de Missariac, âgé de quelque soixante et dix-huit ans et vert encore.

Le père du chevalier avait épousé une Piriac, arrière grand'tante du baron.

Celui-ci fut reçu à bras ouverts par M. de Missariac, qui ne lui voulut point permettre de s'aller loger, ainsi qu'il en témoignait l'intention, à l'hôtel des *États de Bretagne*, et qui se fit une joie de le recevoir dans sa maison.

M. de Piriac mit son parent au fait de ses intentions matrimoniales et lui demanda de le présenter au vicomte de Gueffès, ce à quoi le chevalier consentit avec enthousiasme.

De Malestroit au petit castel de Gueffès, il n'y avait guère que cinq quarts de lieue — la présentation se fit le lendemain.

Si froid que fut, ou du moins que parut

M. de Piriac, il ne put s'empêcher d'être ébloui de la triomphante et souveraine beauté de mademoiselle Sabine, et cette beauté produisit sur lui une impression si vive que, pendant toute la nuit qui suivit cette première visite, il ne put fermer l'œil et qu'il se répéta cent fois qu'il était éperdûment amoureux et qu'il serait le plus malheureux des hommes s'il n'épousait pas la jeune fille.

Deux ou trois entrevues consécutives ne firent qu'augmenter ce semblant de grande passion.

Enfin, le chevalier de Missariac fut chargé par le baron de se rendre seul au château de Gueffès, muni des titres de toute sorte dont nous avons parlé, et de faire la demande officielle de la main de mademoiselle Sabine.

Pendant tout le temps que dura l'absence de M. de Missariac, le baron se sentit sur les épines.

Il allait et venait, comme une âme en peine, dans l'étroit jardin de la vieille maison de son parent, — et il ouvrait et refermait successivement toutes les fenêtres donnant sur la rue, pour les rouvrir et les fermer de nouveau un instant après — enfin il maudissait de toute son âme la lenteur prétendue du quasi octogénaire.

Enfin le trot rapide des petits chevaux

bretons et le roulement de la carriole se firent entendre sur le pavé inégal et raboteux de la grande rue de Malestroit.

Le chevalier de Missariac arrivait.

Le baron courut l'aider à descendre et lui demanda vivement :

— Eh! bien, mon oncle, quelles nouvelles?

— Bonnes nouvelles, mon neveu — bonnes nouvelles !... — répondit joyeusement le vieillard en se frottant les mains.

— Ainsi, je suis agréé ?

— Pardieu !... — est-ce qu'on refuse un Piriac ?...

— Le vicomte a dit *oui* tout de suite ?...

— Certes!... il aurait fait beau voir, vraiment, qu'il hésitât!... — je crois que, séance tenante, j'aurais retiré ma demande !

— Vous auriez eu tort, mon oncle...

— Non pas !...

— Et Sabine ?...

— Eh bien, Sabine ?

— Qu'a-t-elle dit ?

— Comment, ce qu'elle a dit ? — mais, monsieur mon neveu, que vouliez-vous qu'elle dise ?... — elle a dit *oui* comme son père...

— Bien vrai, mon bon oncle ?... bien vrai ?

— Ai-je la physionomie, par hasard, d'un oncle qui plaisante ?

— Mais de quel air a-t-elle dit ce *oui* ?...

— Vous m'en demandez bien long, mon beau neveu... — Sabine — en personne modeste et bien élevée, baissait les yeux en me répondant, seulement, si ma mauvaise vue ne m'a point trompé, il m'a semblé qu'elle était toute rougissante de plaisir et qu'elle avait l'air le plus content du monde...

— Mais alors, mon oncle, elle m'aime?

— Et pourquoi donc pas? — Vous êtes assez joli garçon, monsieur mon neveu, pour être aimé!... — est-ce que, par hasard, vous seriez arrivé jusqu'à près de trente ans sans que personne vous l'ait jamais dit? — Vertudieu! mon neveu, moi qui ne suis un Piriac que par les femmes, à votre âge j'étais capitaine au régiment de la Reine et je ne trouvais guère de cruelles!...

Il y eut un temps d'arrêt dans la conversation de l'oncle et du neveu.

Au bout de quelques minutes de silence le baron laissa sans le savoir percer le bout de l'oreille du calculateur sous la peau de l'amoureux.

— Et la dot, mon oncle? — demanda-t-il — la dot — en avez-vous parlé?

— Sans doute.

— Que vous a répondu le vicomte?

— Que mademoiselle Sabine possédait dès à présent, du chef de sa mère, environ deux cent mille francs qu'elle apporterait en dot à son futur mari, et que, quant à sa fortune personnelle qu'il évaluait à deux cent cinquante mille francs ou environ, sa fille l'aurait tout entière, quoique le plus tard possible... — C'est un beau mariage, monsieur mon neveu, que celui que vous faites là! — recevez-en mes compliments sincères!...

§

Un mois environ après ce jour le mariage était célébré dans la chapelle du petit castel de Gueffès, et le baron emmenait sa jeune femme à son château de Piriac, après s'être préalablement fait mettre en possession de la dot.

Les débuts de l'existence conjugale furent heureux.

Sabine, pour des raisons au courant

desquelles nous ne tarderons pas être mis, ne jouissait point d'un bien complet bonheur dans la maison paternelle — elle s'était prise pour M. de Piriac d'une affection vive et profonde qui devait durer toujours, et le baron, subissant parmi les enivrements de la lune de miel le charmant empire de sa belle et chaste compagne, semblait devoir être le plus parfait de tous les maris.

Pendant une assez longue période de temps, le désir d'être en toutes choses agréable à sa femme fut sa préoccupation dominante, et cette préoccupation l'emporta même sur son excessif amour pour l'économie et le calcul.

A cette époque, des sommes importantes furent dépensées à Piriac, quelques-unes même assez mal à propos, ainsi que nous le verrons plus tard.

Le baron fit bâtir une petite serre vitrée, attenante au château — des plantes rares vinrent orner les plates-bandes du jardin — un jardinier spécial, sortant d'une grande maison des environs de Nantes, fut engagé à l'année — une partie du vieux mobilier fut renouvelée — trois ou quatre hôtes nouveaux prirent place dans l'écurie, entre autres un charmant cheval de selle anglais, de la plus grande douceur, destiné exclusivement à Sabine.

On eut aussi une jolie voiture, et la maison fut montée sur un pied convenable.

Plusieurs dîners fort bien ordonnés réunirent au château l'aristocratie de Guérande, du Croisic et des environs.

Les voisins de M. de Piriac ne le reconnaissaient plus et se disaient les uns aux autres que sa femme avait dû l'ensorceler pour produire en lui un changement aussi complet.

Comme pour ajouter quelque chose encore à tout ce bonheur domestique, madame de Piriac devint grosse au bout de quatre mois de mariage...

Les permiers symptômes de cette grossesse rendirent le baron à moitié fou de joie.

— Pourvu que ce soit un garçon !... — répétait-il cent fois par jour.

Puis il ajoutait aussitôt :

— Après ça, si c'est une fille, elle n'en sera pas moins bien venue !...

Neuf mois se passèrent.

La baronne accoucha, et ce fut avec un véritable délire que M. de Piriac entendit le chirurgien lui crier :

— C'est un garçon !...

Sur la petite plate-forme de l'une des quatre tourelles se voyait un vieux fauconneau rouillé, dont on faisait remonter la présence au château à l'époque de la révocation de l'édit de Nantes.

M. de Piriac, avec l'aide d'un domestique, se mit à manœuvrer ce fauconneau presque aussi habilement qu'un véritable artilleur, et, de même que le canon des Invalides annonce, par cent et une salves, à Paris et à la France, qu'un Dauphin vient de naître, le baron annonça à tout le pays, par cent et une décharges consécutives, qu'un héritier du nom des Piriac faisait son entrée dans le monde.

L'enfant fut baptisé sous les noms de *Paul-Yvon*.

Le petit Paul avait un an ou dix-huit

mois, lorsque son grand père le vicomte de Gueffès mourut.

Le jour de cette mort fut aussi le dernier jour du bonheur complet du jeune ménage.

Voici pourquoi :

M. de Piriac était en droit de compter et comptait en effet sur les deux cent cinquante mille francs qui devaient revenir à Sabine de la succession paternelle.

Or, cet espoir fut complétement déçu.

On trouva les propriétés du défunt vicomte grevées d'hypothèques qui absorbaient toute leur valeur et au-delà, et qui avaient été consenties immédiatement après le mariage de Sabine.

L'argent provenant de ces hypothèques avait disparu jusqu'au dernier sou.

A l'heure du décès, les tiroirs de tous les meubles du château de Gueffès ne contenaient pas cent écus.

Cette fortune ainsi dévorée en deux ou trois ans par un vieillard qui ne dépensait rien, peut sembler une chose invraisemblable — cependant rien n'est plus simple.

M. de Gueffès vivait, depuis la mort de sa femme, sous la domination absolue d'une sorte de servante-maîtresse qui passait pour sa femme de charge et qui était en réalité sa favorite.

Sabine, pendant son enfance et sa jeunesse, avait eu beaucoup à souffrir de l'empire tyrannique que cette mauvaise créature exerçait au château sur tout et sur tous.

Cet empire n'eut plus de bornes aussitôt que Sabine, mariée, eut quitté son père.

Le vieillard se trouva sans force pour résister à des exigences impérieusement formulées et renouvelées sans cesse.

Pour obtenir la paix de ses derniers jours, il sacrifia l'avenir de sa fille et il signa les actes qui la dépouillaient entièrement.

Il se donnait pour excuse à lui-même qu'elle devait trouver suffisante la fortune maternelle, et que d'ailleurs son mari était fort riche.

Sans doute il aurait hésité s'il avait pu prévoir quelles funestes conséquences sa faiblesse devait avoir pour le bonheur de la pauvre Sabine !

La déception de M. de Piriac fut profonde et s'exhala en de terribles accès de colère, indignes d'un gentilhomme et d'un galant homme.

Son amour pour sa jeune femme s'évanouit comme se dissipe une vapeur sur laquelle souffle un vent d'orage.

Son ancien caractère reparut — ses inclinations avaricieuses et rapaces reprirent une intensité nouvelle.

L'avidité trompée lui fit oublier toute dignité, jusqu'à ce point de le pousser à dire à sa femme, avec une violence méprisante, que, du plus profond de son âme, il regrettait d'être entré en l'épousant dans une famille de *voleurs*, et que certes, si ce mariage était à refaire, il ne se ferait jamais !

Qu'on juge de l'impression produite par ces paroles ignobles et brutales, sur cette jeune épouse idolâtrant son mari comme au premier jour, plus qu'au premier jour de leur union — sur cette jeune mère, si glorieuse de sa première maternité !...

La colère imméritée de son mari — ses injustes et honteux reproches — la frappèrent d'un coup de foudre.

Elle ne répondit rien — elle courba la tête — elle ploya silencieusement, comme un roseau brisé — elle se contenta de verser des larmes muettes et intarissables, car leur source était la blessure de son cœur et cette blessure ne devait plus se refermer.

Ce n'est pas cependant, hâtons-nous de le dire, que les scènes dont nous venons de parler se renouvelassent souvent...

Non sans doute, mais ce qui s'était passé avait suffi pour détruire les tendres illusions de Sabine.

D'ailleurs, nous le répétons, la nature de M. de Piriac était de nouveau changée, il était redevenu l'homme d'autrefois, et Sabine s'épouvantait et se désespérait de ce changement si peu attendu.

Est-ce à dire que la jeune femme n'aimât plus son mari ? — est-ce à dire que leur ménage fut devenu un enfer?

Non, certes !

L'amour conjugal restait toujours vivace au cœur de Sabine — seulement cet amour était maintenant un devoir et non plus un bonheur, et d'ailleurs il se heurtait sans cesse contre l'indifférence à peine dissimulée de M. de Piriac.

Quant à l'intérieur du château, la paix et le bon accord y régnaient en apparence, mais dans cette vie intime et commune de tous les instants, il n'y avait plus ce qui doit faire du mariage un paradis sur terre, deux cœurs battant à l'unisson — deux pensées et deux volontés toujours conformes...

Quelques années s'écoulèrent.

Marie-Geneviève vint au monde.

Cette seconde naissance aurait dû, ce semble, amener entre des époux si jeunes encore, un rapprochement complet.

Ce fut le contraire qui arriva.

— Est-ce que vous n'êtes pas heureux, bien heureux, mon ami? — demanda Sabine à son mari en lui présentant la petite fille qui venait de naître. — vous savez le proverbe breton : — *Fille et garçon, c'est lot de roi !*

— Heureux? — répéta le baron avec amertume — pourquoi le serais-je? — un enfant de plus et une fortune de moins, ce n'est pas profit, ce me semble?...

Sabine retomba en arrière, sur les oreillers de son lit, en s'efforçant d'étouffer un cri de douleur.

Les paroles de son mari étaient atroces!

Ne venait-il pas de lui reprocher la sainte fécondité de ses entrailles !...

— Pauvre chère petite innocente — murmura-t-elle en serrant passionnément Marie-Geneviève contre son sein ému, lorsque M. de Piriac fut sorti de la chambre — ton père ne t'aimera pas... je le vois bien... mais moi je t'aimerai pour deux...

Sabine se trompait.

Le baron ne sembla mettre aucune différence dans l'affection qu'il portait à ses deux enfants — et, en réalité, il les aimait autant l'un que l'autre. — Le cœur de M. de Piriac, au fond, n'était point un méchant cœur — sans son mauvais levain d'avarice, sa nature aurait été bonne — mais l'avarice déçue, la cupidité froissée, venaient dénaturer sans cesse et sa pensée et ses paroles.

IV

De l'influence des révolutions sur la position et le caractère d'un gentilhomme breton.

Cependant les enfants grandirent.

Paul-Yvon allait être un homme.

Marie-Geneviève était presqu'une jeune fille.

La vie de madame de Piriac s'était écoulée lente, uniforme, monotone — à peu près heureuse, si l'on ne veut juger que sur les apparences — mais, au fond, tristement hérissée de petites déceptions, de petits chagrins, de petites douleurs.

Sabine avait tout supporté avec cette mélancolie calme, avec cette résignation douce, dont son visage jadis si beau portait la pure et noble empreinte.

Lorsque Paul fut âgé de douze ans, son père le mit au collége à Nantes.

Il l'en retira aussitôt qu'il eut dix-sept ans accomplis.

Madame de Piriac fit vainement observer que l'éducation du jeune homme était bien loin d'être terminée.

Le baron répliqua que son fils en savait plus que lui et que, comme lui-même en savait *assez*, on devait logiquement conclure que Paul en savait *trop*.

A cela il n'y avait rien à répondre — aussi la baronne ne répondit rien.

Il n'y avait qu'à se soumettre — aussi la baronne se soumit.

Seulement elle se réserva d'une façon absolue l'éducation de sa fille — elle se fit sa gouvernante et sa maîtresse d'études, et, grâce à ces soins permanents, à ces leçons de toutes les heures, déguisées le plus souvent sous la forme d'une causerie attrayante, Marie-Geneviève devint rapidement une jeune fille telle qu'il fallait l'être pour satisfaire l'affection et flatter le légitime amour-propre de la mère la plus exigeante.

Paul, lui, amoureux comme tous les jeunes gens de grand air, de mouvement, de liberté, d'exercices violents, partageait entièrement l'opinion de son père — il déclarait, ainsi que lui, que la science était chose parfaitement inutile pour un gentilhomme campagnard, et il se contentait d'être un tireur de première force — un écuyer, sinon théoriquement bien habile, du moins vissé sur sa selle — un nageur dont le bras infatigable fendait les lames en se jouant, pendant plus d'une heure, et enfin un pilote expérimenté et audacieux, bravant dans sa coquille de noix les gros temps et les coups de mer.

Or, toutes ces qualités dont nous venons de faire l'énumération, Paul les possédait au plus haut point.

La nature du jeune homme n'était d'ailleurs nullement semblable à celle du baron.

Paul avait un cœur ardent, une imagination vive, susceptible d'entraînement et d'enthousiasme — il aimait tendrement son père — il adorait sa mère et sa sœur; — enfin il se sentait beaucoup plus disposé à la prodigalité qu'à l'économie.

Ce n'est point d'ailleurs à titre d'éloge que nous constatons cette dernière tendance.

Nous enregistrons une particularité de caractère, voilà tout.

§

La révolution de 1848 éclata.

Ce coup de foudre inattendu entraîna à sa suite, en Bretagne plus encore que dans tout le reste de la France, une profonde stupeur.

M. de Piriac, dont nous connaissons les opinions, se persuada — aussitôt qu'il fut revenu de sa première surprise — que la chute de Louis-Philippe allait rendre à la France ses rois légitimes et que bientôt la fleur de lys d'or se marierait aux blanches hermines du blason armoricain.

Au lieu de la Restauration attendue, ce fut la république qui parut.

On se souvient encore de l'effroi et du dégoût suscités dans presque toutes les provinces, et surtout dans celles de l'ouest, par l'invasion brusque et les allures étranges d'un tas de va-nu-pieds, bohêmes crottés et affamés du *National* et de la *Réforme*, décorés audacieusement du titre pompeux de *commissaires de la République*.

La frayeur de M. de Piriac fut horrible.

Il rêva le retour des sanglantes horreurs de la première révolution — il vit, avec les yeux de son imagination, l'échafaud relevé sur les places publiques, les nobles, les prêtres, les honnêtes gens de toutes les classes et de tous les partis y portant leur tête — il assista par la pensée à de nouvelles noyades dans la Loire, semblables à celles que Carrier, le proconsul, appelait si joyeusement *les mariages républicains*.

Sous l'empire de cette terreur, M. de Piriac songea naturellement à émigrer avec sa famille.

Il nolisa un petit côtre anglais qui se trouvait dans les bassins du Croisic, et dont le capitaine prit l'engagement de le transporter, dans le plus bref délai, sur les côtes de la Grande-Bretagne.

Cependant le baron tenait fort à ne point quitter la France sans argent. — Il fit successivement à Nantes une demi-douzaine de voyages dont les résultats restaient inconnus.

Deux ou trois fois, à la vérité, madame Sabine, Paul, ou quelqu'un des domestiques, crurent remarquer que la valise de cuir, emportée par M. de Piriac, semblait beaucoup plus gonflée au retour qu'au départ.

Mais le baron ne se dessaisissant sous aucun prétexte de cette valise qu'il portait lui-même dans sa chambre, personne n'eut l'occasion de constater la réalité du fait que nous venons de signaler.

Pendant ces allées et venues, les jours succédaient aux jours, et l'échafaud ne se relevait nulle part — il n'était pas question de la moindre noyade.

M. de Piriac se rassura peu à peu et renonça à ses projets d'émigration.

Le capitaine du côtre reçut une indemnité et mit à la voile.

Les voyages du baron à Nantes continuèrent et, à chaque voyage, il revenait avec une valise lourde et une figure soucieuse.

Enfin, un beau jour, il annonça à sa famille réunie que la révolution le ruinait d'une façon à peu près complète — que tous ses capitaux venaient de disparaître, engloutis dans des entreprises en déconfiture, et qu'il ne lui restait désormais que le domaine de Piriac et les propriétés provenant de la mère de la baronne, et situées aux environs de Machecoul.

M. de Piriac, du reste — contre toute

vraisemblance — semblait prendre assez gaillardement son parti de ces pertes énormes.

La péroraison de son discours fut seulement qu'il allait falloir faire de grandes réformes dans un train de maison devenu trop lourd, et que désormais on serait contraint de vivre avec la plus stricte économie.

Madame de Piriac et ses deux enfants répondirent qu'ils étaient prêts à tout, et qu'aucun sacrifice ne leur semblerait dur.

Le baron parut trouver dans cette assurance une grande consolation, et, dès le lendemain, il s'occupa de mettre à exécution les réformes projetées.

Ces réformes furent complètes — M. de Piriac trancha, comme on dit, dans le vif.

La domesticité de la maison se trouva, du jour au lendemain, réduite aux deux tiers.

Deux valets et deux servantes durent suffire, à l'avenir, au service de quatre personnes et à tous les travaux champêtres.

On vendit la calèche et elle fut suivie par les chevaux de selle et d'attelage.

A grand'peine M. de Piriac se décida

cependant à conserver deux bidets bretons qui, les trois quarts du temps, chercheraient leur vie au hasard en pâturant dans la lande et sur les dunes, qui, par conséquent, coûteraient peu, et pourraient s'atteler à l'antique carriole pour conduire à Guérande madame Sabine et Marie-Geneviève.

Il y avait au chenil une douzaine de chiens de chasse — huit furent vendus.

Les quatre autres trouvèrent grâce aux yeux du baron, d'abord parce qu'il était lui-même un passionné chasseur, et ensuite parce qu'il pensa que Paul fournirait de gibier la table, et que la petite dépense de l'entretien du chenil se trouverait ainsi plus que couverte.

On avait deux canots, l'un de promenade, l'autre de pêche.

Celui de promenade fut supprimé.

Quant à l'autre, presque neuf et en bon état, le chapitre des avaries et réparations grevait fort peu le budget, et Paul, excellent pêcheur — l'*ennemi du poisson* — comme dit Alphonse Karr dans un de ses livres, — prenait assez de soles, de lubines, de carrelets et de homards, pour suffire à la consommation de cinq à six personnes.

Une fois toutes ces notables économies réalisées, M. de Piriac parut jouir d'une paix profonde et d'une satisfaction à peu près complète

Son visage exprima la quiétude de son esprit — ses façons d'être dans son intérieur se modifièrent de la façon la plus heureuse — et il ne parla plus que dans les grandes occasions, et encore sans la moindre amertume, des pertes énormes qu'il avait eu à subir à la suite de la révolution de 1848.

§

Nous avons dit dans l'un de nos précédents chapitres que M. de Piriac, avant son mariage, était l'unique représentant de son nom et de sa famille.

Le baron, lorsque l'occasion s'en présentait, disait volontiers à tout venant qu'il n'avait point de proches parents.

La chose n'était pas cependant tout à fait exacte, M. de Piriac ayant, de par le monde, un cousin parfaitement germain.

Voici en deux mots l'historique de ce cousinage, plus important pour notre récit qu'on ne pourrait le supposer au premier abord, car, sans ce cousin si bien renié, ce livre n'existerait pas.

Le baron actuel — nous l'avons déjà dit — était fils unique, mais son père avait une sœur.

Cette sœur, mademoiselle Corisandre

de Piriac, assez laide personne et déjà plus que majeure, se laissa séduire par les grâces bretonnes d'un jeune armateur de Nantes qui commençait les affaires sans grands capitaux et se nommait Pélo Rieux.

Le jeune armateur, de son côté, se sentit fortement épris de la cassette de mademoiselle Corisandre, et il joua, non sans distinction, la comédie de l'amour à l'endroit de la fille majeure.

Mademoiselle de Piriac déclara à son frère qu'elle se proposait d'épouser dans le plus bref délai Pélo Rieux.

Le baron — notez que ceci se passait avant la révolution de 93 — s'efforça de faire comprendre à sa sœur toute l'indignité d'une pareille mésalliance.

Corisandre persista.

Le baron n'avait que le droit de conseil — il en usa et il en abusa, mais sans succès.

Le mariage se fit.

Tous rapports de famille furent rompus dès-lors, entre le baron de Piriac et madame Rieux.

Ajoutons que l'armateur engloutit dans de fausses spéculations l'argent que lui avait apporté sa femme, et que celle-ci mourut de chagrin en laissant un fils âgé de deux ou trois ans.

Ce fils, André-Nicolas Rieux, était le cousin germain dont Charles-Gabriel-Yvon, baron de Piriac, soupçonnait à peine l'existence.

Il vivait à Paris, dans le monde industriel, et le baron, plus jeune que lui de plusieurs années n'en avait pour ainsi dire jamais entendu parler.

Mais voici qu'un beau matin arriva au château une lettre fort inattendue et cachetée de noir.

Cette lettre, signée par l'un des principaux notaires de la capitale, annonçait au baron que son cousin germain, mort tout récemment dans sa soixante-huitième année, et célibataire, s'était souvenu de lui dans son testament et lui laissait un legs d'environ cinquante mille francs.

Il ne s'agissait, pour être mis en possession, que de choisir un mandataire, et d'envoyer à ce mandataire une procuration bien en règle.

V

Repas de famille.

Il entrait parfaitement dans les idées de Piriac, de renier un cousin dont l'origine plébéienne était une tache pour la famille, et dont la position de commerçant ne se pouvait accepter par l'aristocratie bretonne.

Mais, du moment que ce cousin était mort — du moment surtout qu'il s'agissait de prendre part à la curée de son héritage — le baron ne songea pas un seul instant à décliner la parenté et à refuser le legs.

Seulement, M. de Piriac — imbu de cette vérité : que les affaires les mieux faites sont celles que l'on fait soi-même — décida qu'au lieu d'envoyer une procuration à un mandataire, peut-être inexact ou infidèle, il agirait beaucoup plus sagement en allant lui-même à Paris.

La certitude de palper une somme assez ronde et qui lui tombait réellement du ciel, regaillardissait singulièrement le vieux gentilhomme.

D'ailleurs il entendait chaque jour conter tant de merveilles de ce Paris — qu'il n'avait fait qu'entrevoir vingt-cinq ou trente ans auparavant — qu'il n'était point fâché de juger un peu les choses par lui-même, et que la perspective de ce petit voyage lui souriait fort.

Une fois la résolution de partir bien arrêtée dans son esprit, le baron pensa qu'il importait de la mettre sur-le-champ à exécution.

Son absence devait durer tout au plus dix ou quinze jours et n'exigeait pas de grands préparatifs.

La lettre du notaire était arrivée le mardi soir.

M. de Piriac résolut de se mettre en route le jeudi matin.

Nous allons introduire nos lecteurs dans le salon du château de Piriac le mercredi 14 juillet 185* — veille du départ du baron — et vers les cinq heures et demie du soir.

Ce salon, situé dans le principal corps de logis du bâtiment féodal, était une vaste pièce, éclairée par trois hautes portes vitrées ouvrant sur le jardin. — Les seules particularités dignes de remarque étaient la hauteur du plafond, coupé de distance en distance par de longues poutres saillantes et sculptées sur lesquelles se voyait encore un reste de dorure — la prodigieuse épaisseur des murailles — et la hauteur de la cheminée dans laquelle on aurait pu brûler des troncs d'arbres entiers, et dont le manteau de pierre soutenait à son couronnement l'écusson des Piriac, avec son tortil baronnial et les deux hommes d'armes qui lui servaient de support.

Quant au mobilier, nous n'en parlerons que pour mémoire.

A l'époque de son mariage, le baron avait fait porter au grenier plusieurs admirables bahuts de chêne noirci par le temps, et quelques vieux fauteuils gothiques d'un magnifique caractère, qui conservaient à cette pièce antique une partie de son cachet primitif.

Ces *vieilleries* avaient été remplacées par des meubles d'acajou achetés à Nantes, recouverts en draps gris à rosaces et à palmes rouges, et qui ressemblaient à tous les meubles de cette époque.

La table ronde du milieu étalait avec orgueil son marbre de brèche grise et noire, et sa base, de style impérial, à trépied terminé par des griffes de lion.

C'était parfaitement hideux!

Lors de ces restaurations d'intérieur si bien entendues, la teinte brune des boiseries de vieux chêne avait disparu sous une couche uniforme d'un gris clair.

Une douzaine de portraits de famille des seizième, dix-septième et dix-huitième siècles, semblaient se trouver mal à l'aise dans leurs magnifiques cadres rougis et dédorés par endroits, sur ce moderne badigeonnage.

Ces Piriac du temps passé, les uns emprisonnés dans la lourde armure des chevaliers — les autres revêtus de l'imposant costume des nobles aux États de Bretagne, —étaient de fiers et beaux gentilshommes, aux traits rudes parfois, mais toujours à la physionomie altière, à la mine imposante.

Leur type de figure avait traversé les siècles sans presque s'altérer — ils ressemblaient les uns aux autres — le baron actuel et son fils Paul leur ressemblaient.

Ajoutons que M. de Piriac se montrait fier de cette ressemblance, autant que si son mérite personnel en avait pu revendiquer la moindre part.

Trois personnes étaient rassemblées dans le salon que nous venons de décrire — le baron — madame Sabine et Marie-Geneviève.

Les portes-fenêtres largement ouvertes laissaient pénétrer dans l'intérieur les souffles vivifiants de la brise de mer qui venaient de s'élever, après une journée d'étouffante chaleur et de calme plat.

A chaque souffle de cette brise, d'enivrants parfums, échappés des calices des fleurs du parterre, envahissaient le salon.

Quelques alouettes de mer, se poursuivant avec des cris joyeux, passaient, en rasant de l'aile les feuillages brûlés des arbres rabougris et tordus de la terrasse, qui se trouvait, comme on le sait, à la hauteur des dunes.

M. de Piriac, entièrement habillé de coutil gris, comme de coutume, se tenait debout, les mains dans ses poches, dans l'immense embrâsure de l'une des trois portes, regardant l'Océan, calme comme un lac, et dont les lames à peine indiquées montaient peu à peu sur le sable où elles venaient mourir sans bruit, en laissant après elles une imperceptible frange d'écume.

Le baron sifflottait, du bout des dents, un vieil air breton.

Madame Sabine et Marie-Geneviève formaient un groupe charmant, assises l'une auprès de l'autre à côté de la table ronde qui supportait un grand vase d'antique faïence blanche à dessins bleus, rempli de roses.

La mère et la fille travaillaient à un

ouvrage de broderie, et, de temps à autre, échangeaient un sourire et prononçaient quelques mots à voix basse.

Médard, petit domestique fort intelligent, né au Pouliguen, et qui servait à table, pansait les bidets bretons et prenait soin du jardin, ouvrit une porte qui donnait de la salle à manger dans le salon, et prononça avec une solennité quelque peu champêtre, les mots sacramentels :

— Madame la baronne est servie...

M. de Piriac tourna sur ses talons — rentra dans le salon, puis passa le premier, en disant à sa femme :

— A table... à table, chère amie... —

j'ai un appétit de voyageur, quoique mon voyage ne commence que demain...

Madame Sabine suivit son mari, et Marie-Geneviève suivit sa mère.

Nous n'entrerons dans aucun détail relativement à la salle à manger.

Les splendides dressoirs de chêne noir avaient été, comme les bahuts du salon, relégués au grenier — d'effroyables buffets d'acajou les avaient remplacé.

Un *tableau-horloge* — (horreur!...) — un baromètre — et quelques natures mortes, assez passables, étaient suspendus aux murailles, jadis tendues de vieilles tapisseries flamandes à personnages —

aujourd'hui revêtues d'un papier verni imitant le marbre.

Nous répétons, une fois de plus, que M. de Piriac, aux beaux jours de sa lune de miel, n'avait reculé devant aucune dépense !

A chaque ligne que nous écrivons, nos lecteurs n'en ont, hélas! que trop la preuve !

Les trois convives se mirent à table.

Une place restait vide — celle de Paul.

— Médard — demanda le baron, — n'avez-vous pas averti mon fils?...

— Faites excuse, monsieur — répondit

le petit domestique — mais M. Paul n'est pas à la maison...

— Savez-vous où il est?...

— Dam! monsieur, quand je suis allé tantôt à la Turballe, chez le métayer, M. Paul *s'en courait* du côté du Croisic en suivant les dunes...

— Avait-il son fusil?....

— Je ne vous dirai pas au juste, monsieur, — je n'ai pas trop fait attention — pourtant je crois bien que oui...

— Ma chère amie — dit alors le baron en s'adressant à sa femme — tâchez donc de faire comprendre à votre fils que ses absences réitérées aux heures des repas me déplaisent infiniment, et qu'en se montrant ainsi inexact, il manque au respect qu'il vous doit...

Madame de Piriac allait répondre, mais elle n'en eut pas le temps.

La porte s'ouvrit et Paul lui-même entra, tout essoufflé d'une course rapide, le front ruisselant de sueur, les vêtements en désordre.

De la main gauche il tenait son fusil — de la main droite il portait un lièvre énorme, suspendu par les pattes de derrière.

— Voyez donc! — s'écria-t-il — voyez, mon père, quelle magnifique bête! — je suis sûr qu'il pèse au moins dix ou douze livres...

Le baron jeta un regard de connaisseur sur le gibier qu'apportait son fils.

Il le lui prit des mains, et le soupesant avec admiration, il dit :

— Ah ! ma foi, oui !... belle bête !... — plutôt même douze livres que dix !... — il y aura assez de civet pour deux repas et le râble rôti sera délicieux !... — malheureusement je ne serai pas là pour en goûter...

— Mon ami — interrompit madame de Piriac — on peut faire préparer ce rôti ce soir — demain vous en emporterez un morceau comme provision de route...

— Bonne idée! — excellente idée, ma foi!... — répondit M. de Piriac — cela me dispensera de déjeûner à Nantes... — en dépouillant ce lièvre et en le mettant à la broche à l'instant même, et encore tout chaud, je crois qu'il sera tendre...

Puis, s'adressant de nouveau à Paul, reprit :

— Où as-tu tiré ce coup de fusil ?

— Dans la dune...

—Mais, de quel côté?

Paul rougit imperceptiblement.

—Tout près de la pointe du Ranz — répondit-il.

— C'est donc pour cela que Médard t'a rencontré courant si vite dans la direction du Croisic...

— Précisément — j'avais vu deux ou trois fois ce même lièvre me partir entre les jambes, et je me promettais bien de lui envoyer quelques grains de plomb à la première occasion...

— Joli coup de fusil!... — ce n'est pas de la poudre jetée aux moineaux, cela!... à la bonne heure!... — allons, à table, mon garçon, tu as bien gagné ton dîner...

Paul s'assit — essuya son front baigné de sueur et rattrapa rapidement les autres convives.

Après avoir achevé une énorme assiette remplie de cette farine de sarrazin bouillie, qui est en Bretagne un mets national et qu'on nomme *les grous*, il demanda :

— Mon père, est-ce que vous êtes toujours décidé à partir demain ?...

— Parbleu ! certainement !...

— Voulez-vous me faire un très grand plaisir ?

— Ça dépend... — qu'est-ce que tu vas me demander ?...

— Je vais vous demander de m'emmener avec vous...

— Et où diable veux-tu que je t'emmène ?

— A Paris.

Abasourdi d'entendre formuler à brûle-pourpoint cette prière à laquelle il s'attendait si peu, le baron resta, pendant quelques secondes, muet et la bouche béante.

— Comment, Paul ! — s'écria madame Sabine — comment, mon enfant — tu veux nous quitter ?...

— Ça n'est pas bien, cela, mon frère !... — fit doucement Marie-Geneviève.

— Vous quitter — répliqua Paul — je n'y songe pas, ma bonne mère — mais une absence de quinze jours n'est pas une séparation, et j'avoue que je meurs d'envie de voir Paris...

— Ah ça, Paul — demanda le baron enfin revenu de sa stupeur — est-ce que tu deviens fou ?

— Mais, je ne crois pas...

— Alors, ta demande est une plaisanterie ?

— Pas davantage.

— Comment, c'est sérieusement que tu voudrais aller à Paris ?

— Rien n'est plus sérieux.

— Alors, j'en reviens à ma première idée — tu deviens fou...

— Mais enfin, mon père, pourquoi ?

— Pourquoi ? pourquoi ?.. il me semble

qu'il n'est guère besoin de l'expliquer et que ça se comprend de reste...

— Peut-être le comprenez-vous, vous, mon père, mais moi, non.

— Malheureux garçon! — tu n'as donc jamais réfléchi à ce qu'il en pouvait coûter pour aller de Piriac à Paris?

— Jamais, je l'avoue...

— Sais-tu seulement le prix du voyage?

— Je ne m'en doute pas — mais ce prix ne doit pas être bien élevé...

— Miséricorde! — s'écria le baron en joignant les mains — miséricorde! — écoute un peu, calcule et profite...

— Je suis tout oreilles...

— 1° De Piriac au Croisic... ça ne coûte rien, n'en parlons donc pas... — 2° du Croisic à Saint-Nazaire, quatre francs... — de Saint-Nazaire à Nantes par le bateau à vapeur, trois francs — quatre et trois font sept. — 3° De Nantes par le chemin de fer, vingt-un francs et une fraction — vingt-un et sept, vingt-huit — 4° de Tours à Orléans, douze francs et une fraction — vingt-huit et douze quarante — 5° d'Orléans à Paris, treize francs et une fraction — quarante et treize, cinquante-trois — cinquante-cinq, en joignant les fractions — sans compter qu'il faut bien manger quelque chose en route, et que la nourriture, prise hors de chez soi, se paie au poids de l'or... j'en sais quelque chose, moi qui suis allé à Paris en 1823 — bref, plus de soixante francs jetés sur les grands chemins avant d'arriver — autant pour le retour — cent-vingt — et l'argent dépensé à Paris, somme incalculable!! — Est-ce que tu t'imagines par hasard que nous sommes riches, mon pauvre Paul, pour ouvrir la porte de ton esprit à d'aussi folles fantaisies? ta tête était à l'envers — je l'ai remise à l'endroit — c'est fini — n'en parlons plus...

— Mais mon père — hasarda le jeune homme — je croyais que vous alliez à Paris pour recueillir un héritage?

— Parbleu! est-ce que sans cela je me dérangerais?

— Vous devez, par conséquent, toucher de l'argent?

— Rien n'est plus clair et plus certain.

— Cet argent, vous ne comptiez pas sur lui?

— Fort peu, j'en conviens — où diable en veux-tu venir?

— A ceci, que, quand bien même vous prélèveriez, pour payer mon voyage, deux ou trois cents francs sur la somme ainsi tombée du ciel, vous ne vous en trouveriez pas moins encore plus riche qu'auparavant.

M. de Piriac frappa du poing sur la table.

— Ah! — s'écria-t-il presque avec colère — que voilà bien un raisonnement de prodigue! — il nous arrive un argent inattendu — dépensons-le vite — dissipons-le! — gaspillons-le — si peu qu'il nous en reste, il nous en restera toujours plus que nous n'en avions! — quel raisonnement! — quels principes! — ah! mon pauvre Paul, tu me fais bien de la peine! — ton avenir m'épouvante! — tu seras un dissipateur! — tu engloutiras l'humble patrimoine qui doit te revenir un jour...

La quasi amertume de ces reproches sembla préoccuper le jeune homme beaucoup moins que le refus implicite qu'ils contenaient.

— Ainsi, mon père — reprit-il au bout d'un instant — vous ne voulez pas m'emmener?

— Non! — cent fois non! — mille fois non!...

— Vous êtes parfaitement décidé?

— Est-il indispensable de le répéter jusqu'à demain pour convaincre ton entêtement?

Paul fit un geste d'insouciance, et sa réplique formula une conclusion à laquelle on ne devait point s'attendre, d'après tout ce qui précède.

— Eh bien! ma foi — dit-il — tant pis! vous me refuserez, ça m'est égal — j'aime autant rester ici...

Le baron regarda de nouveau son fils avec un étonnement croissant.

Paul souriait d'un air enchanté.

— Ah! ça, mais — demanda M. de Piriac — est-ce que tu te moques de moi?...

— Oh! par exemple!!...

— Franchement, ça y ressemble... — si tu aimes autant rester ici, pourquoi me suppliais-tu de t'emmener...

— C'était une idée à moi...

— Et ton idée est passée?

— Complétement.

— Et cette idée, peut-on la connaître?

— Il me serait impossible de vous l'expliquer...

Le baron se frappa le front en riant, à deux reprises, et sa physionomie prit une expression de désespoir comique.

— Sabine — dit-il ensuite en s'adressant à sa femme — votre fils a le transport au cerveau, ma chère amie... — il faudra soigner cela, les symptômes sont alarmants et, s'ils persistent, je redoute une aliénation mentale bien caractérisée...

Tout le monde se mit à rire et Paul le premier.

Au bout d'un instant, le jeune homme demanda :

— Si je vous ai bien compris, mon père, vous comptez passer demain matin par le Croisic ?...

— C'est en effet mon projet.

— Il serait plus court d'aller prendre la voiture à Guérande...

— Pardieu, je le sais bien, mais il faut que je voie en passant le maire, M. Bénoît, à propos du sel dont nous allons avoir besoin pour *presser* nos sardines...

— A quelle heure partirez-vous d'ici ?

— Au point du jour, de manière à être au Croisic avant le départ de la voiture de sept heures.

— Vous irez à cheval, je pense, jusqu'à la pointe du Ranz ?

— Oui — Médard viendra avec moi et ramènera les bidets...

— Si vous le trouvez bon, je prendrai la place de Médard...

— Ah ! pour cela, j'y consens de tout mon cœur — je ne m'oppose jamais aux choses qui ne coûtent rien... — tu pourras être de retour ici pour l'heure du déjeûner...

— Oh ! si Paul est en retard, — dit vivement madame Sabine — nous l'attendrons...

Le baron hocha la tête.

— Mauvaise habitude à lui faire prendre — répliqua-t-il ensuite — rien au monde n'apprend l'exactitude aux jeunes gens comme de trouver, à leur retour, la nappe ôtée et le garde-manger vide.. — Sans compter. — ajouta mentalement M. de Piriac — que c'est toujours une économie...

VI

Les Coësnon.

Le repas touchait à sa fin.

Médard venait de mettre sur la table un maigre dessert composé de quelques fruits du jardin, assez mal venus à cause du voisinage trop immédiat de la mer.

— Mon ami — dit madame de Piriac à son mari — notre vieille voisine, mademoiselle Olympe de Coësnon, est venue tantôt pendant votre absence...

— Ah ! fit le baron d'un air qui témoignait d'un regret médiocre de ne s'être point trouvé là pour recevoir cette visite.

— Elle reviendra ce soir... — poursuivit madame Sabine.

— Bah ! deux fois en un jour !... pauvre demoiselle Olympe, c'est une rude besogne pour sa jambe boiteuse !... — enfin, que viendra-t-elle faire ?...

— Vous voir, mon ami.

— Moi ? et que diable me veut-elle ?...

— Elle sait que vous partez demain pour Paris et elle compte vous charger d'une lettre.

— Ah! ça, pense-t-elle donc par hasard que la poste est supprimée, ou désire-t-elle faire une économie d'affranchissement!...

— Ni l'un ni l'autre — seulement elle désire vivement que vous soyez assez bon pour vous charger de remettre vous-même sa lettre et de voir la personne à qui elle est adressée...

— Et quelle est cette personne?

— Le neveu de mademoiselle Olympe — M. Georges de Coësnon..

— Le *folliculaire !* — s'écria monsieur de Piriac avec un dédain mal dissimulé.

— Précisément — il y a fort longtemps que sa tante n'a reçu de ses nouvelles — il ne répond guère à ses lettres et elle est inquiète...

— Et il faut que je la rassure ! c'est fort déplaisant !... — Je n'ai aucune raison pour mettre les pieds chez ce monsieur, moi ! — Qu'irais-je faire dans cette galère, je vous le demande ?...

— Il me semble, mon ami, que vous ne pouvez guère refuser...

— Si ça ne fait pas pitié !... — un Coësnon !... — (bonne noblesse, ma foi, et presque aussi vieille que la nôtre !...

— un Coësnon qui, n'ayant pas de fortune, ne se fait point soldat et devient *gratte-papier !*... — un gentilhomme !... — c'est une honte !... — Il doit être dans la plus profonde misère, ce garçon !... — Si je vais chez lui, de la part de sa tante, il voudra m'emprunter de l'argent... ce sera gai !...

— Vous ne lui en prêterez pas, mon ami... — répliqua doucement madame de Piriac — rien n'est aussi facile...

— Eh pardieu ! je le sais bien !... Mais ce n'en est pas moins plus contrariant que je ne saurais le dire...

— Mais, mon père — hasarda Paul en ce moment — il est fort possible que M. de

Coësnon soit beaucoup moins pauvre que vous ne le supposez...

— Où diable prends-tu cela?... et où prendrait-il de l'argent?...

— Il paraît qu'il a beaucoup de talent.

— Et, quelle espèce de talent, je te prie? — Il faut donc du talent, selon toi, pour imprimer des sottises dans les *papiers publics?* — Paris est plein de petits *grimauds* qui *font gémir la presse* et ne sont que des ânes!...

— M. de Coësnon ne fait pas seulement des articles de journaux...

— Et que fait-il encore?

— Il écrit aussi des comédies pour le théâtre...

— Ah ! bah ! tu crois cela ?

— Vous souvenez-vous de cette belle pièce : *La Fiancée du prince*, que nous avons vue jouer quand vous m'avez conduit avec vous à Nantes, l'an passé ?

— Oui vraiment, je m'en souviens... elle n'était pas mal du tout cette pièce-là... — fort intéressante — et *bien écrite*...

— Savez-vous quel en était l'auteur ?

— Ma foi non — et toi ?

— Moi je le sais — j'ai lu son nom sur l'affiche — à la porte du spectacle...

— Est-ce que ce serait M. de Coësnon, par hasard ?

— Lui-même.

— Pas possible!!...

— Et pourquoi ne serait-ce pas possible mon père ?

— Je ne croirai jamais qu'un garçon que j'ai vu pas plus haut que ça — et dont la tante est notre voisine — puisse faire représenter ses ouvrages sur un théâtre et obtenir quelque succès... — Tu te seras trompé de nom...

— Je suis sûr du contraire — d'autant plus sûr que deux messieurs, assis à côté de moi, parlaient de Georges de Coësnon, l'auteur de la pièce — disaient qu'il était né aux environs du Croisic — qu'il avait à Paris une très grande réputation et qu'il faisait honneur à la Bretagne...

— Ah ! ils disaient cela ces messieurs?

— Oui, mon père, en propres termes...

— Faire honneur à la Bretagne !... Diable!... — je ne suis pas de leur avis, moi ! — La main d'un gentilhomme est faite pour tenir une épée — ou un fusil — ou un soc de charrue — mais jamais une plume !... — Après ça, aujourd'hui, toutes les bonnes et sages idées d'autrefois sont bouleversées... — peut-être bien que c'est à la mode de déroger et que les *folliculaires* et les *écrivassiers* sont gens bien posés dans le monde... — pourtant j'en doute... — j'en doute très fort...

Après un silence, le baron ajouta :

— Je voudrais bien savoir si véritablement on gagne quelque chose à faire des comédies pour les théâtres... — Il faudra que je m'informe de cela à Paris...

— Mon père, répliqua Paul — le soir où nous étions au spectacle à Nantes, on a joué, avant la pièce de M. de Coësnon, une petite drôlerie très amusante dans laquelle les comédiens chantaient de temps en temps...

— On appelle cela un vaudeville... — interrompit le baron d'un ton doctoral.

— C'était l'anecdote dialoguée d'un *coiffeur et d'un perruquier* — reprit Paul — vous le rappelez-vous mon père ?

— Très bien.

— Il paraît que cette drôlerie est d'un

auteur très célèbre à Paris, qui se nomme M. Scribe. — Ces messieurs qui étaient à côté de moi ont parlé de lui aussi, et ils disaient qu'il avait gagné plus de cent mille livres de rentes à faire des petites machines dans le genre de celle-là...

— Tu dis ? — s'écria le baron.

— Je dis : plus de cent mille livres de rentes.

— Allons donc ! allons donc ! allons donc ! — vas-tu me laisser tranquille à la fin et ne plus me rompre la tête de toutes tes sottises !... — ne vois-tu pas, pauvre nigaud, que tes voisins se moquaient de toi ? — un grand garçon de ton âge, aussi crédule !... si ça ne fait pas hausser les épaules! — mais tu ne sais donc pas que les honnêtes gens — les gens utiles — les gens qui sont bons à quelque chose, ne gagnent jamais cent mille livres de rentes!... et tu voudrais qu'on les gagnât en écrivant des *charades* pour des saltimbanques d'acteurs! — allons donc! allons donc! allons donc!

— Je vous affirme, mon père, que ces messieurs mes voisins parlaient très sérieusement...

— Ça t'a fait cet effet-là — mais je suis sûr, moi, qu'ils plaisantaient.

— Ils ont cité plusieurs autres écrivains dont un, entre autres, M. Alexandre Dumas.

— Je n'en ai jamais entendu parler — fit observer M. de Piriac — il ne doit pas être très connu...

— Je ne sais pas s'il est connu, mais ces messieurs soutenaient qu'il avait gagné plus de quatre millions...

Le baron se mit à rire, de ce gros rire inextinguible et presque convulsif des héros d'Homère.

Il trouvait plaisant de voir que son fils avait été si complaisamment la dupe d'une mystification grandiose, et il félicitait *in petto* les auteurs de cette mystification de ne point s'être adressé, pour la mener à bien, à lui, baron de Piriac, qui les aurait fort ouvertement et fort carrément relevés.

— De tout cela — dit-il enfin, lorsque les violents accès de son rire se furent calmés peu à peu — de tout cela, concluons que M. Georges de Coësnon gagne mille écus par an — (ce qui est joli !) — à barbouiller du papier — et conservons l'espoir que, si je vais le visiter dans son galetas d'écrivassier, pour faire plaisir à sa bonne vieille fille de tante, mademoiselle Olympe, — il ne se livrera point, à l'endroit de ma bourse, à de folles tentatives d'emprunt... — Eh ! mon Dieu, je ne lui en demande pas davantage, à ce pauvre diable de folliculaire !... et même, si, en sa qualité de faiseur de pièces de théâtre, il peut me donner des billets gratuits pour les spectacles, ou même à *demi-droits*, comme je m'en procurais chez un coiffeur de la rue du Mont-Blanc, lors de mon voyage en 1823, je les accepterai pour ne pas le désobliger...

Après avoir ainsi témoigné de ses dispositions toutes bienveillantes à l'endroit du Breton dégénéré, M. de Piriac se leva de table et les autres membres de la famille imitèrent son exemple.

Au moment précis où nos quatre personnages entraient dans le salon, Médard vint annoncer que mademoiselle Olympe de Coësnon se dirigeait vers la grande entrée du château, en compagnie de Mathurine, sa fidèle servante.

§

Deux mots au sujet de cette nouvelle comparse de notre récit.

Mademoiselle Olympe de Coësnon, ridicule peut-être dans son apparence et dans ses manières — arriérée dans ses opinions et dans ses façons d'envisager un grand nombre de choses, petites et grandes, — n'en était pas moins une de ces admirables et parfaites créatures dont la vie tout entière, de son premier à son dernier jour, n'a été qu'un long acte d'abnégation et de dévoûment.

Le petit château de Coësnon était situé à deux kilomètres environ du hameau de Piriac, et sur le bord d'un ruisseau dont il portait le nom.

C'est là que mademoiselle Olympe avait passé son enfance et sa jeunesse, toute seule avec un frère plus âgé qu'elle de deux ou trois ans

Restés orphelins de très bonne heure, les deux jeunes gens s'étaient aimés de l'une de ces affections profondes et inaltérables, trop rares, hélas! dans les familles.

Ils jouissaient ensemble d'une fortune modeste, que la simplicité de leurs habitudes et de leurs goûts leur faisait trouver plus que suffisante.

Mademoiselle Olympe était grande, bien faite, fort distinguée de visage, sinon très jolie, et les prétendants à sa main ne lui faisaient point défaut.

Mais elle répondait uniformément à toutes les demandes qu'elle ne se marierait qu'après son frère.

Il fut bientôt prouvé d'ailleurs que ceci n'était qu'une défaite, un prétexte mis en avant pour ne point froisser l'amour-propre des épouseurs éconduits, car M. de Coësnon se maria et mademoiselle Olympe resta célibataire comme devant.

— Je vois mon frère heureux — disait-elle — Et, quant à présent, cela me suffit.

Au bout de quelques mois de mariage la belle-sœur de mademoiselle Olympe devint grosse et accoucha d'une petite fille qui ne vécut que peu de temps.

Olympe avait alors vingt-cinq ans.

La perte de cette petite nièce, qu'elle idolâtrait déjà, fut pour elle un violent chagrin, d'autant plus que pendant huit ou dix ans aucune grossesse nouvelle ne se manifesta.

Déjà madame de Coësnon et son mari perdaient l'espoir de se voir revivre dans la fleur naissante d'une maternité nouvelle.

Olympe, elle, continuait à espérer — contre toute probabilité, contre toute vraisemblance.

Ce fut Olympe qui eut raison.

Au bout de dix ans le petit Georges vint au monde, mais sa naissance apporta dans la maison tout à la fois une grande joie et une immense douleur…

Il coûta la vie à sa mère!…

Il devait trouver une autre mère dans mademoiselle Olympe, aussi tendre, aussi dévouée, aussi aimante que celle qu'il avait perdue.

Cette mort de madame de Coësnon fut de toutes les manières, un malheur irréparable et qui devait entraîner après lui les conséquences les plus funestes.

Le père de Georges voulut essayer de s'étourdir dans sa douleur en abandonnant son existence inoccupée de gentilhomme campagnard.

Il se lança dans d'immenses travaux agricoles et industriels, — sans prudence — sans expérience, — sans connaissances acquises.

Il fit comme le joueur qui place au hasard tout son argent sur une carte ou sur une couleur.

Il entreprit des desséchements de marais — il essaya le défrichement et la fertilisation des landes — il construisit de vastes raffineries de sel.

Toutes ces entreprises échouèrent l'une après l'autre, après avoir absorbé beaucoup plus que la fortune de M. de Coësnon, qui, fou de désespoir d'avoir consommé non-seulement sa ruine mais celle de son fils, et de porter de plus sur son nom royal la tache flétrissante de l'insolvabilité, se jeta dans un canot de promenade, par un jour de tempête, dressa le mât, hissa la voile et gouverna vers la haute mer.

Il ne reparut jamais...

Les uns attribuèrent sa mort à un suicide prémédité — les autres à une imprudence voisine de la folie...

Mademoiselle Olympe fut de ces derniers.

Elle était trop profondément pieuse pour croire, de la part de son frère, à un crime volontaire qui compromettait à coup sûr le salut de son âme.

Elle appuya le petit Georges contre son cœur, et, l'embrassant avec des larmes brûlantes qui ne tombaient qu'une à une de ses paupières rougies et gonflées, elle murmura :

— Pauvre cher enfant... pauvre orphelin... il ne te reste plus que moi en ce monde... je serai tout pour toi... tu seras tout pour moi... je le jure devant Dieu qui m'entend.... — je suis ton père et ta mère, désormais, et tu es mon fils...

Le premier acte de la maternité de mademoiselle de Coësnon, fut de vendre la plus forte partie de ses biens pour payer les dettes de son malheureux frère, jusqu'au dernier sou, et réhabiliter au moins son nom.

Après ce sacrifice, accompli avec une joie douloureuse, c'est tout au plus s'il resta à mademoiselle Olympe deux mille livres de rentes.

Elle se condamna à partir de ce moment

aux plus dures, aux plus constantes, aux plus invraisemblables privations, afin de pouvoir conserver le château de famille et afin, surtout, que le petit Georges ne manquât de rien.

Ce double but fut admirablement atteint.

Le vieux manoir à donjon crénelé resta debout, intact, bien entretenu.

Quant à Georges, il voyait ses moindres fantaisies devinées et prévenues, comme s'il eut été le fils de prince ou de millionnaire.

VII

Georges.

Un matin du mois de décembre —
Georges atteignait alors sa cinquième année, et mademoiselle Olympe en avait à
peu près quarante. — La vieille fille revenait d'entendre la messe à l'église du vil-

lage — devoir quotidien auquel il était bien rare qu'elle manquât.

Elle avait laissé son neveu dans une chambre à coucher du premier étage, sous la garde d'une petite servante bretonne qui ne devait pas le quitter d'un instant.

A mesure que mademoiselle Olympe se rapprochait du château, elle hâtait le pas, sans doute à son insu, comme si elle eût été poussée par quelque inexplicable pressentiment.

Tout au plus lui fallait-il encore trois ou quatre minutes pour arriver dans la cour, lorsqu'il lui sembla voir une fumée, trop épaisse pour n'être qu'un brouillard, flottant autour de la toiture du château.

En même temps des clameurs vagues et presque indistinctes frappèrent son oreille.

Dans ces clameurs il lui sembla reconnaître la voix de Georges.

Avons-nous besoin de dire qu'à partir de ce moment la marche de la vieille fille devint une course haletante...

Et même, elle ne courait pas — elle volait.

A mesure qu'elle se rapprochait de l'habitation, les cris devenaient plus distincts.

Il n'y avait pas à s'y tromper, c'était bien Georges qui appelait à son secours, avec toute la force que donne la terreur et le désespoir.

Mademoiselle Olympe bondit en avant.

Un pan de muraille lui cachait encore la façade du château.

Ce pan de mur fut franchi et mademoiselle Olympe put apercevoir — et Dieu sait avec quelle indicible épouvante! — l'enfant se penchant à la fenêtre du premier étage, enveloppé des tourbillons d'une fumée noire, et étendant ses bras vers le vide, comme s'il allait se précipiter...

Le feu était dans la chambre.

Un rugissement de lionne à qui on arrache ses petits s'échappa, rauque et terrible de la gorge contractée d'Olympe.

En deux bonds elle traversa la cour — elle s'engouffra dans le vestibule — elle gravit au vol l'escalier et s'engagea dans le corridor qui conduisait à la chambre fatale.

Une fumée âcre et étouffante — une dévorante chaleur, remplissaient ce corridor.

Déjà les planches commençaient à se carboniser sous les pieds.

———

Voici ce qui s'était passé.

Immédiatement après le départ de mademoiselle Olympe pour la messe, la petite Bretonne, préposée à la garde de Georges, s'était empressée d'aller rejoindre du côté de la métairie son amoureux, jeune pâtour de la plus belle espérance, à qui elle avait à faire quelque communication importante.

Dans l'habitude de la vie, on défendait à l'enfant de toucher au feu.

Resté seul, il se hâta de désobéir — obéissant ainsi à cette implacable loi de la nature humaine — à ce fatal instinct, qui poussent l'enfant, aussi bien que l'homme, à la chose mauvaise, dangereuse ou coupable.

Georges confectionna, avec habileté et

promptitude, diverses torches de papier, il y mit le feu et se promena gravement autour de la chambre en portant ses torches comme il voyait les bedeaux porter leurs cierges aux processions dominicales.

Tout alla bien dans le commencement, mais voici qu'un des flambeaux improvisés brûla jusqu'au vif les doigts de l'enfant qui le rejeta vivement loin de lui en poussant un cri aigu.

Le papier tomba sous un rideau.

La flamme s'attacha à l'étoffe, la dévora en quelques secondes, et se mit à lécher les boiseries centenaires, inflammables comme des allumettes, et qui pétillèrent et s'embrasèrent avec la promptitude d'une traînée de poudre.

Georges était un enfant courageux, et doué d'un sangfroid remarquable pour son âge.

Il ne perdit pas toute de suite la tête. — Il oublia la douleur de sa brûlure et il essaya de combattre l'incendie grandissant, en arrachant les lambeaux d'étoffe calcinée et en jetant sur la boiserie l'eau des deux carafes qui se trouvaient sur la cheminée.

Il ne fit qu'aviver la flamme.

Un panneau tout entier crépitait déjà, — la porte d'entrée fut envahie par le feu et toute issue se trouva fermée.

Alors l'enfant prit peur, et à la résolution froide succéda, sans transition, le désespoir irréfléchi.

Georges crut qu'il allait mourir — mourir de la plus épouvantable de toutes les morts — et, comme il voulait vivre, il ouvrit la fenêtre qui donnait sur la cour, — il se pencha sur l'appui de cette fenêtre, jusqu'au point de perdre à demi l'équilibre, et, étendant ses mains suppliantes, il poussa ces cris d'appel qui étaient arrivés à l'oreille maternelle de mademoiselle Olympe.

———

La vieille fille — nous l'avons dit — se

précipita comme une lionne dans le corridor étouffant.

Elle ouvrit — ou plutôt elle enfonça d'un seul coup de son torse robuste la porte fumante — et, emportée par son irrésistible élan, elle alla tomber aux pieds de Georges qui ne criait plus depuis qu'il avait senti venir à lui un secours providentiel et tout puissant.

Mademoiselle Olympe se releva aussi vite qu'elle était tombée — elle saisit l'enfant par le bras droit, et, le soulevant comme si elle eût voulu l'élever jusqu'à son cœur, elle bégaya d'une voix étranglée ces mots indistincts :

— Viens... viens... mais, viens donc...

Et elle l'entraîna vers la porte.

Malheur !...

L'air s'engouffrant de la porte brisée à la fenêtre ouverte avait activé l'incendie en une minute, plus que n'aurait pu le faire en une heure le plus puissant des soufflets de forge.

Une nappe de flammes tournoyantes remplissait le corridor dans toute sa longueur.

Le plancher se métamorphosait en brasier.

Quiconque aurait tenté de traverser cette fournaise, était certain d'y laisser sa vie.

Mademoiselle Olympe se convainquit, dès le premier regard, de cette terrible vérité.

Elle recula — tirant avec elle l'enfant en arrière. — De pâle qu'il était son visage devint livide, et ses prunelles fixes se dilatèrent démesurément dans l'orbite de ses yeux agrandis.

— Au secours !... au secours ! — cria-t-elle à son tour d'une voix rauque et fiévreuse en courant à la fenêtre et en interrogeant l'espace d'un regard affolé.

Dans un coin de la cour sanglotait, en se tordant les mains, la petite servante qui venait de rentrer et qui assistait aux conséquences effroyables de son imprudence.

Un soudain éclair d'espérance brilla dans les regards de la vieille fille.

— L'échelle... — balbutia-t-elle, en achevant avec son geste les paroles que son gosier haletant ne pouvait articuler — l'échelle... là... sous le hangar...

La petite fille disparut derrière le château et reparut bientôt, traînant après elle une longue échelle qui, dressée, pouvait arriver jusqu'au toit.

— Sauvés !... — pensa mademoiselle Olympe — sauvés ! Merci, mon Dieu !...

Hélas !... hélas !... — il remerciait trop tôt, ce divin cœur de vierge mère !...

Un nouveau supplice allait se joindre à

tous les supplices que la vieille fille endurait déjà !...

La petite servante était arrivée au pied de la fenêtre.

Elle voulut dresser l'échelle...

Impossible !...

La force lui manquait pour soulever ce lourd fardeau.

A trois reprises elle essaya — à trois reprises, vaincue, anéantie, elle laissa retomber l'échelle qui rebondit sur la terre durcie avec un bruit sourd.

Mademoiselle Olympe comprit que le dernier espoir se perdait ! — de tout son

cœur elle faisait le sacrifice de sa vie —
mais elle voulait sauver Georges... — Elle
le voulait... elle le voulait.

Mais comment ?

Tout à coup elle sentit le bras de l'enfant se raidir et se tendre dans la main convulsive qui le soutenait.

Elle baissa les yeux sur lui...

Georges, asphyxié par la chaleur et par la fumée, venait de perdre connaissance.

La vieille fille regarda autour d'elle.

De toutes parts la flamme gagnait — le cercle de feu se rétrécissait de seconde en seconde — quelques pieds à peine la séparaient des langues fourchues de l'élément destructeur...

Une seconde encore, peut-être, et ses vêtements allaient prendre feu...

Mademoiselle de Coësnon n'hésita plus.

Elle se baissa — elle souleva dans ses bras et elle posa contre sa poitrine le corps de Georges évanoui — elle appuya ses lèvres desséchées sur les grands yeux fermés de l'enfant — elle ploya le genou dans une prière suprême et ses lèvres murmurèrent :

— Seigneur, mon Dieu, s'il vous faut une victime, me voici... prenez-moi, je suis prête...

. . . .

» Seigneur, mon Dieu, ma vie est à vous, et je ne fais que vous rendre ce qui vous appartient — daignez vous en contenter, cependant, dans votre souveraine bonté.

. . . .

» Seigneur, mon Dieu, faites que je meure... mais qu'il vive... — qu'il vive, lui... mon enfant... — il est trop jeune pour mourir!... — envoyez vos anges, mon Dieu... qu'ils le soutiennent et qu'ils m'abandonnent... »

. . . .
. . . .

Cette sublime prière, on l'a deviné, était l'indice d'une résolution terrible prête à s'accomplir.

Mademoiselle Olympe, tenant toujours Georges dans ses bras, bondit sur l'appui de la croisée, et pendant une seconde y resta debout, immobile, en équilibre sur l'abîme.

La petite Bretonne, agenouillée dans la cour près de l'échelle inutile, poussa un cri d'angoisse et cacha sa tête dans ses mains.

La vieille fille mit un dernier baiser sur le front pâle de Georges.

Elle remua les lèvres en une dernière invocation...

Puis — serrant plus étroitement ses deux bras autour du corps de l'enfant — elle s'élança dans le vide.

. . . .

VIII

Une vocation.

La chute fut terrible...

On entendit un cri étouffé... — puis un bruit sourd — puis plus rien...

La servante bretonne — à demi-morte d'épouvante — disjoignit alors les mains — releva la tête et regarda.

Mademoiselle de Coësnon était étendue sur le sol et paraissait morte, mais ses bras raidis n'avaient pas lâché l'enfant, toujours évanoui et qui semblait dormir.

§

Cependant l'alarme s'était répandue dans le village — les paysans accouraient de tous côtés pour porter secours à *la bonne demoiselle*, ainsi que les gens du pays appelaient mademoiselle Olympe.

Ils arrivaient bien tard !...

Le curé du hameau possédait quelques notions élémentaires de chirurgie et de médecine.

Il examina d'abord le corps de l'enfant et il s'assura que Georges n'avait aucun mal.

Tous les soins furent alors acquis à mademoiselle Olympe — qu'une médication énergique ne tarda pas à rappeler à elle-même.

Le premier cri de la vieille fille, en ouvrant les yeux, fut celui-ci :

— Où est Georges ?

— Le voici — répondit le curé en lui présentant l'enfant dont l'évanouissement se dissipait peu à peu d'une façon toute naturelle.

Déjà les roses de la vie refleurissaient sur ses joues pâlies un instant.

— Que Dieu soit loué! — murmura mademoiselle Olympe avec transport.

Et elle essaya de se mettre debout pour aller embrasser son neveu.

Mais elle s'affaissa de nouveau avec un cri d'angoisse et de douleur.

— Qu'avez-vous donc? — lui demanda vivement le curé — qu'avez-vous, mademoiselle.

— Je ne sais... — balbutia-t-elle — je souffre... je souffre... plus que si j'allais mourir...

Tandis qu'elle prononçait ces mots, ses lèvres devinrent livides — ses yeux se refermaient et s'entouraient d'un large cercle de bistre.

Pour la seconde fois elle perdit l'usage de ses sens.

On la porta sur un lit avec des précautions infinies, et le curé, n'osant s'en rapporter à ses propres lumières, fit monter un paysan sur un bidet breton et lui donna la mission de courir au galop jusqu'à Guérande et d'en ramener un chirurgien.

Ce dernier ne se fit pas attendre et, au milieu de la stupeur et de la désolation générales, il déclara que mademoiselle de Coësnon avait la cuisse droite brisée dans deux endroits, et qu'au danger déjà si grand résultant de cette double fracture se joignait un autre péril presque mortel, provenant de l'ébranlement causé au cerveau par une aussi effroyable chute.

Bref, il ne pouvait répondre de la vie de la *bonne demoiselle*.

— Mes enfants — dit alors le curé à ses paroissiens réunis autour du château et qui venaient d'arrêter les progrès de l'incendie — suivez-moi... allons à l'église et prions ensemble!... — prions Dieu, et demandons-lui de laisser au milieu de nous la plus parfaite peut-être de ses créatures!...

Les prières de toute cette population, prières si pleines de foi, d'ardeur et de simplicité, furent exaucées, du moins en partie.

Mademoiselle Olympe ne succomba

point aux accès de la terrible fièvre cérébrale qui ne tarda guère à se déclarer, et sa cuisse se guérit et se consolida peu à peu.

Seulement, les fractures avaient été mal réduites par le chirurgien peu expérimenté — la vieille fille resta boiteuse.

Telle était la touchante origine de cette infirmité dont nous avons dit quelques mots dans l'un de nos précédents chapitres.

§

Quand Georges de Coësnon atteignit sa dixième année, mademoiselle Olympe, trop bien aimante pour être aveugle, trop remplie d'abnégation pour ne pas sacrifier sans regret ses joies aux nécessités de l'avenir de son neveu, mit l'enfant au collége de Nantes, malgré la douleur qui devait résulter pour elle-même de cette séparation.

Georges, doué d'une intelligence brillante et d'une facilité prodigieuse, obtint des succès constants.

Chaque année la vieille fille, versant des douces larmes de joie et d'orgueil, le voyait revenir à elle, ployant littéralement sous le poids des prix qui lui avaient été décernés et dont la conquête, disons-le franchement, ne lui coûtait pas beaucoup d'efforts.

Georges faisait en une heure, et très facilement, ce que ses condisciples faisaient en un jour et moins bien que lui.

Ceci nous explique ses succès, car Georges n'était que fort médiocrement travailleur.

Pendant le cours de la dernière année des classes, l'éducation scolaire prend, on le sait, une allure quelque peu littéraire.

Georges, quand il en fut arrivé là, sortit tout à coup de ses habitudes nonchalantes et se jeta à corps perdu dans une étude qui offrait à son imagination si vive des séductions infinies.

En outre des travaux classiques auxquels il s'astreignait avec une ardeur toute nouvelle chez lui, il trouva moyen de se procurer les productions de nos poètes modernes, de nos romanciers, de nos auteurs dramatiques.

Ces lectures lui révélèrent un monde inconnu, dont jusqu'alors il n'avait pas eu la moindre idée.

En même temps la dose d'amour-propre, inhérente à sa nature, prit des proportions gigantesques.

Il se figura qu'il venait d'entrevoir le secret de sa destinée — et quelle destinée !...

— Je suis poète aussi, moi ! — se disait-il en lisant Hugo — moi aussi je chanterai un jour mes *Orientales* et mes *Feuilles d'automne*...

Après avoir dévoré les romans de Soulié et de Balzac, ou les drames de Dumas, il ajoutait :

— Moi aussi, je disséquerai le cœur humain avec mon scapel magistral !... moi aussi j'écrirai des livres immortels — des pages pleines de récits d'amour, d'étranges histoires, terribles ou touchantes ! — Moi aussi je frapperai sur le clavier de l'orgue du drame, dont les passions humaines sont les touches sonores !... — deux mille spectateurs, haletants, enivrés, fiévreux, s'entasseront dans un théâtre pour applaudir mon œuvre, pour entendre proclamer mon nom !...

. . . .

Quand Georges sortit du collége, le cortége de ces orgueilleuses illusions l'étourdissait de son vol bruyant.

— Mon enfant — lui dit alors mademoiselle Olympe — ta vingtième année sonnera bientôt — tu as un nom sans tache — une instruction complète et brillante — un grand cœur — une grande intelligence — mais, hélas ! tu n'as pas de fortune... — nous sommes pauvres, mon enfant... bien pauvres...

— Qu'importe, ma tante ? — demanda fièrement Georges, en relevant la tête avec ce mouvement nerveux particulier aux hommes et aux chevaux de race.

— Il importe beaucoup ! — il faut songer à l'avenir... — ta vie ne peut pas s'enfermer à tout jamais dans ce cercle restreint où gravite lentement la mienne... — je ne vis pas, moi, je végète... — il te faut une position digne de toi... — si tu avais de la fortune, mon enfant, cette position viendrait au devant de tes pas. — Par malheur, tu es pauvre... — il te faudra la conquérir...

— Croyez, ma tante — répliqua Georges — que je ne reculerai point devant la lutte...

— Je ne doute pas de toi, mon Georges — je sais que non-seulement tu combattras avec vaillance, mais encore que tu seras victorieux... — Mais quel chemin veux-tu suivre pour arriver au combat et à la victoire, voilà ce que j'ignore... voilà ce qu'il faut décider...

— En d'autres termes, ma tante, vous me demandez quelle est ma vocation ? — C'est bien là votre pensée, n'est-ce pas ?

— Oui.

— Votre question est grave...

— Ta réponse le sera encore plus.

— Il s'agit là de toute ma vie... — Une détermination qui embrasse l'avenir entier ne peut être prise à la légère et sans de graves et profondes réflexions... — C'est aussi votre avis, ma tante ?

— Certes ! et je suis heureuse de t'entendre t'exprimer dans des termes qui ne sont pas ceux peut-être dont je me servirais mais qui rendent exactement ma pensée...

— Ma tante, je ne puis vous répondre maintenant. — Cette vocation dont vous parlez, elle est en moi, sans doute, mais cachée encore, comme l'étincelle dans le caillou — il faut qu'elle éclate sous le choc constant des investigations de ma volonté — il faut qu'elle se révèle et qu'elle devienne, à vos yeux comme aux miens, visible, lumineuse, incontestable... — Mais, avant tout, il faut que je me recueille et que je m'interroge dans la solitude et dans la méditation... — Ma tante, accordez-moi du temps ?

— Tout le temps qu'il te faudra, mon Georges prends-le...

— Six mois, est-ce trop?

— Un an même ne sera pas trop, si, pour te bien éclairer, il te faut un an...

— Merci, ma tante. — Vous êtes bonne

pour moi comme une mère — mais je vous jure de vous rendre avec usure tout le bonheur que vous me donnez... — Un jour vous serez fière de moi...

— Sois heureux, mon enfant, c'est tout ce que je te demande...

Georges de Coësnon, en prodiguant, ainsi qu'il venait de le faire, tout le pathos à peu près inintelligible qui précède, n'avait d'autre but que celui d'étourdir et d'éblouir mademoiselle Olympe, car, au fond il se sentait parfaitement fixé sur ce qui était ou du moins sur ce qu'il croyait être sa vocation et sa voie.

Nous voulons parler de la carrière littéraire.

Mais Georges voulait prudemment, avant de se lancer *dans la mêlée*, ainsi qu'il l'avait dit en langue poétique, se donner le temps de préparer son armure de combat.

Or, six mois ou un an lui semblaient le laps de temps à peu près nécessaire pour se forger des armes à l'épreuve de la plus lourde indifférence et de la critique la mieux aiguisée.

On devine que les armes en question devaient être les œuvres littéraires sur lesquelles le jeune homme comptait asseoir ses premiers débuts et qu'il destinait à devenir la base inébranlable de sa glorieuse et durable renommée.

Quand il aurait achevé — pensait-il — il pourrait se dire :

— *Exegi monumentum !...*

Dès le lendemain il se mit à l'œuvre.

Lancé dans les vastes champs de la poésie, du roman et du drame, son imagination travaillait sans trêve et sans relâche.

Chaque jour on rencontrait Georges, errant sur les dunes, un fusil à la main — ou bien on le voyait, assis au bord de la mer et bâtissant sur le sable tiède des édifices de coquillages.

Mais sur la dune, il ne chassait pas — sur la plage, son regard rêveur ne suivait pas sa main distraite.

Son esprit vagabond, envolé à travers

l'espace, polissait les strophes d'une ode — ébauchait un chapitre de roman — charpentait une scène de drame.

Le jeune homme ne connaissait que la Bretagne — ce fut à la Bretagne qu'il dut emprunter et qu'il emprunta en effet ses inspirations qui, au bout de huit ou dix mois, se trouvèrent définitivement formulées en trois ouvrages de genre différent.

C'était d'abord un volume de vers, intitulé : — LES FIANCÉS DE L'ILE DU MET, *légende armoricaine du quinzième siècle* (*).

Puis un roman en deux parties, dont le

(*) L'île du Met est située à trois lieues en mer, et, depuis la Pointe de Piriac, on distingue parfaitement sa croupe rocheuse et stérile.

sujet était également tiré d'une chronique du moyen-âge : — Alann et Guy-d'Hu ou *Les pierres de Carnac.*

Et, enfin, un drame en cinq actes et infiniment de tableaux, violemment empreint de couleur historique et locale, et portant ce titre : — Kona-le-Têtu.

Aussitôt que Georges eut mis la dernière main à cette triple élucubration littéraire, il s'avoua à lui-même qu'il était, sans contredit, l'un des hommes les plus complets dont la France pût s'enorgueillir, et que, bien certainement, la Bretagne ne tarderait guère à élever des statues à celui qui l'allait si noblement représenter dans le monde de l'intelligence.

Puis il alla trouver, sans plus hésiter, mademoiselle de Coësnon et lui dit:

— Ma tante, mon parti est pris... — la langue de feu est descendue sur mon front et m'a révélé ma vocation...

— Que Dieu soit béni! mon enfant — s'écria la vieille fille — et que veux-tu faire?... que seras-tu?

— Je ferai ce que Dieu lui-même, qui m'a donné le génie, a décidé que je sois... je serai un grand poète, un écrivain illustre...

— Un écrivain? — répéta mademoiselle Olympe — mais qu'écriras-tu?...

— Des vers, ma bonne tante, des romans et des drames.

— Quant aux vers, mon enfant, je n'y

vois pas grand mal — répliqua la vieille fille — les hymnes de l'église sont en vers, et je sais aussi plusieurs cantiques qui sont fort beaux... — quant aux drames et aux romans, c'est autre chose...

— Que voulez-vous dire, ma tante?...

— Je veux dire que les romans ont été inventés par le diable lui-même!... que les moins dangereux sont remplis de fadaises propres à faire tourner la tête des jeunes filles et des gens faibles d'esprit, et qu'on les devrait brûler tous, jusqu'au dernier, en place publique... — pour ce qui est des drames, — c'est du moins ainsi qu'on nomme, à ce que je crois, des pièces de théâtre de nouvelle invention, — je ne puis les considérer que comme une cause publique de scandale ! — les confesseurs les plus éclairés défendent de mettre les pieds *à la comédie*, les acteurs sont des gens de mauvaise vie et excommuniés — les auteurs doivent l'être comme eux, et à plus forte raison, car ils sont la cause de tout le mal, et sans eux, il n'y aurait ni comédiens ni spectacles!... — tu comprends donc bien que ta résolution ne peut que me causer autant de chagrin que d'étonnement... — mais j'espère encore, mon enfant, que tu réfléchiras et que tu changeras d'intention...

— Ne l'espérez pas, ma tante...

— Aurais-tu donc le courage de me désoler?...

— Ce sera pour moi un amer chagrin, mais quand la vocation parle, toute autre considération doit se taire !

— Malheureux enfant, qui t'a pu mettre dans l'esprit ces imaginations déplorables ?

— Je vous le répète, ma tante, mon génie s'est révélé à moi et m'a tracé le chemin à suivre... je dois lui obéir !

La discussion continua longtemps sur ce ton entre la tante et le neveu...

Ni l'un ni l'autre ne voulait et ne pouvait être convaincu — la controverse menaçait de devenir éternelle si Georges, de guerre lasse, n'avait eu recours au seul argument qui fut de nature à agir sur mademoiselle Olympe en une semblable occurrence.

— Ma tante — s'écria-t-il avec un accent pathéthique — vous voulez donc me rendre malheureux? — vous voulez donc me faire mourir de chagrin?

— Moi! — murmura la vieille fille en joignant les mains dans un geste désespéré et en levant vers le ciel ses yeux que quelques larmes commençaient à mouiller — moi te rendre malheureux!... — moi te faire mourir de chagrin!... — ah! j'aimerais mieux mourir moi-même!...

— Alors, ma tante, cessez une opposition qui me désespère.

— Mais, cher enfant, c'est pour ton bien!...

— Vous le croyez, ma tante, et je sais combien vous êtes de bonne foi en le disant — mais je sais aussi que je ne pourrais vivre s'il me fallait renoncer à mes projets ! — mon âme, comprimée par l'inaction, se changerait pour mon corps en poison mortel ! — la lame userait le fourreau !...

Les bras de mademoiselle Olympe tombèrent inertes le long de son corps.

Un gémissement sourd s'échappa de ses lèvres pâles, puis elle murmura :

— S'il en est ainsi, mon enfant... si ta vie et ton bonheur sont en jeu, je me tais, — oublie ce qui vient de se passer entre nous et agis à ta guise, tu es ton maître...

— Merci, ma chère tante, merci!... — s'écria Georges en embrassant la vieille fille avec effusion.

Ces baisers ranimèrent un peu mademoiselle Olympe et lui donnèrent le courage d'envisager la situation avec une espèce de sangfroid.

— Mais — reprit-elle au bout d'un instant — ce métier d'écrivain qui te séduit si fort, tu ne peux l'exercer ici?

— Ce serait impossible, ma tante...

— Alors, tu vas retourner à Nantes?

Georges secoua la tête.

— Nantes — dit-il — est une belle et noble cité, et ce n'est pas là, cependant, qu'un poète peut trouver une atmospère assez large pour déployer ses ailes!...

— Où donc iras-tu?

— J'irai dans la ville qui est non-seulement la capitale du monde, mais encore la reine de la poésie et des arts... — J'irai où vont toutes les gloires — où se tressent toutes les couronnes de la renommée! — J'irai à Paris!...

— Paris! — répéta la vieille fille stupéfaite — Paris!... un enfer!!...

— Un panthéon, ma tante!...

— Enfin, tu le veux? Je t'ai cédé déjà, je vais te céder encore!... mais, à Paris, il faudra vivre...

Georges eut aux lèvres un fier sourire.

— Ne vous inquiétez pas de cela... — dit-il.

—Comptes-tu donc gagner de l'argent ?...

— Un homme de génie, ma tante, ressemble aux alchimistes du moyen-âge... — Ils faisaient de l'or avec leurs creusets — l'homme de génie en fait avec sa pensée et avec sa plume — le procédé est plus simple encore... il ne faut qu'une main de papier et une bouteille d'encre. — Avant qu'il soit peu, j'aurai rendu à notre vieux château toutes les terres qui l'entourent et qui lui appartenaient autrefois...

Mademoiselle de Coësnon hocha la tête d'un air douleur.

Georges surprit au vol ce symptôme non équivoque d'incrédulité.

Son amour-propre en fut blessé.

— Ne croyez-vous donc plus en moi, ma tante? — s'écria-t-il — avez-vous oublié qu'il y a quelque mois à peine, vous me disiez : — *Je ne doute pas de toi — je sais que non-seulement tu combattras avec vaillance dans la mêlée de la vie, mais encore que tu seras vainqueur...*

— Non — répondit lentement la vieille fille — je n'ai rien oublié — je sais ce que tu vaux et je crois que tu peux beaucoup...
— Mais, vois-tu, depuis un instant toutes

mes idées sont bouleversées — il me semble que je rêve, et que tu rêves aussi...

— Vous vous éveillerez, chère tante — répliqua Georges en souriant — et vous verrez que moi, du moins, je ne rêvais pas...

— Dieu le veuille... — et je souhaite que tu ne te trompes pas, puisque tu crois marcher au bonheur...

— Et à la gloire... — ajouta le jeune homme.

— Je ne sais pas bien ce que c'est que la gloire — comme tu l'entends, du moins — mais, si peu que je connaisse la vie je sens que tu te fais une illusion...

— Laquelle ?

— Celle de croire que l'argent ne te fera jamais défaut... — Laisse-moi continuer sans m'interrompre... — Si grand que soit ton mérite — (et crois bien que je n'en doute pas!) il te faut au moins le temps de le mettre en évidence... — Est-ce vrai, cela ?

— C'est vrai.

— Eh bien, jusque-là, il faut vivre... — Est-ce encore vrai?

— C'est toujours vrai.

— Comment feras-tu ?

— Je n'y ai pas encore pensé. — Jusqu'à présent, chère tante, vous m'avez tellement accoutumé à compter sur vous, que, franchement, j'y complais encore...

— Et tu faisais bien, et tu dois y compter toujours... — Mais Paris est, dit-on, bien cher, et moi, je suis bien pauvre...

— Il me faudra si peu...

— Hélas! ce que je pourrai te donner est en effet bien peu!... — Sur nos deux mille francs de rentes, tu en prendras douze cents.... — Est-ce assez? — Veux-tu tout?... — Un rien me suffit, à moi, — — des galettes de sarrazin et de l'eau claire, c'est tout ce qu'il me faut...

Georges avait les larmes aux yeux.

— Douze cents francs — s'écria-t-il — mais c'est trop!... beaucoup trop!... — je n'accepterai pas...

— Il le faut, cependant...

— Non, vous dis-je...

— Mon enfant, j'ai cédé tout à l'heure — maintenant c'est à ton tour... — Tu prendras les douze cents francs, ou je m'oppose à ton départ...

— Ah! ma tante — murmura le jeune homme — vous êtes pour moi plus qu'une mère...

— Ne parlons plus de cela... — et, maintenant, puisqu'il faut que tu partes, je pense que le plus tôt sera le mieux...

— Je le pense aussi, ma tante...

— Mais tu reviendras, n'est-ce pas?... — Tu ne me laisseras pas mourir sans te revoir encore ?...

— Oh! chère tante, pouvez-vous me le demander?... — Oui, certes, je reviendrai, et souvent...

— Bien vrai?...

— Je vous le jure!

— Si quelque chose pouvait me consoler, cette promesse me consolerait... — quel jour veux-tu te mettre en route?

— Fixez ce jour vous-même, ma tante.

— Ne me demande pas cela — le courage me manquerait...

— Je vous en prie...

— Eh bien! encore ce sacrifice!... — c'est demain Vendredi — on dit que cela porte malheur de s'embarquer un Vendredi... d'ailleurs il faut mettre ton linge en ordre, et ce ne sera pas trop pour ce travail de vendredi et de samedi... — Dimanche ! — tu manquerais la messe, n'y pensons pas — veux-tu partir lundi?

— Lundi, soit.

— Voilà qui est convenu — j'ai encore trois jours à te voir, et la moitié du jour d'aujourd'hui... — que c'est peu ! — ah ! j'en vais bien profiter, va ! — qui sait si je te reverrai jamais !

— Mais, ma tante, je vous ai promis...

— Tu m'as promis de revenir, je le sais, et j'y compte... mais je ne suis plus jeune, mon enfant, et peut-être que, quand tu reviendras, c'est moi qui serai partie...

— Quelles idées tristes, chère tante!

— Tu as raison et j'ai tort... — à quoi bon s'attrister ainsi? — il vaut mieux espérer ce qu'on désire — attendre avec patience et se confier en Dieu... — d'ailleurs je ne veux pas pleurer... je n'aurai pas trop de toutes mes larmes quand tu ne seras plus là!

FIN DE LA PREMIÈRE PARTIE.

DEUXIÈME PARTIE

———

COMMENT

ON DEVIENT JOURNALISTE

1

Illusions perdues.

Dans deux de nos ouvrages précédents, l'un très ancien déjà — *Pivoine* — l'autre plus récent — *Sœur Suzanne* — nous avons mis en scène avec une habileté plus que contestable, mais avec une fidélité daguerrienne, les débuts d'une vocation littéraire.

Arsène Bâchu et *Ernest Pichat de la Chevallière* sont, dans la longue galerie des personnages multiples de nos romans, deux portraits faiblement dessinés peut-être, et dont la couleur peut sembler douteuse, mais dont nous affirmons sous la foi du serment l'exacte ressemblance.

On comprend que nous n'allons point recommencer ce que nous avons fait ailleurs.

Mais, entre les débuts d'Arsène Bâchu, nullité complète et prétentieuse, ceux d'Ernest Pichat, pauvre garçon à peu près incapable, et ceux de Georges de Coësnon, écrivain de talent après tout, certaines dissemblances existent — utiles à noter dans une étude du genre de celle-ci.

Hâtons-nous d'ajouter qu'un très petit nombre de chapitres sera suffisant pour indiquer et faire apprécier ces différences.

§

Au jour indiqué par mademoislle Olympe, Georges partit, ivre de joie et d'espérance, et emportant — outre le petit nombre d'effets qui remplissaient sa modeste valise — ses précieux manuscrits et les douze cents francs de sa tante.

La ligne de fer, à cette époque, ne reliait pas encore la Bretagne à Paris — c'est tout au plus si la voie ferrée existait de Paris à Orléans.

Le jeune homme aurait pu prendre une place dans les voitures des Messageries royales, ou Messageries générales.

Il préféra le bateau à vapeur, et, selon nous, il eut cent fois raison.

Tandis que le steamer le promenait rapidement au milieu de ces campagnes de la Touraine, si belles qu'on les a surnommées le *Jardin de la France*, Georges s'abandonnait à une extase délicieuse, à un enivrement sans cesse renaissant. — Son voyage fut un continuel enchantement.

Cet enchantement continua, même après que le jeune homme eût quitté le fleuve aux sables d'or pour se hisser sur la banquette d'une diligence.

Il durait encore, quand la voiture toute poudreuse franchit la barrière de Paris, et quand un douanier en habit vert vint sans façon s'asseoir à côté de notre héros, pour accompagner le lourd véhicule jusqu'à destination.

Les investigations de ce fonctionnaire de l'octroi, dans la valise du jeune homme, purent seules l'arracher aux persistantes hallucinations de son rêve enchanté.

Enfin les perquisitions fiscales eurent un terme.

Georges rentra en possession de ses chemises et de ses manuscrits notablement bouleversés. — Il mit sa valise sur le dos d'un commissionnaire, et à la question de celui-ci :

— Où allons-nous, mon bourgeois?

Il répondit :

— Je ne sais pas.

Le commissionnaire le regarda avec un sourire étonné. — Dans le premier moment il croyait presque à quelque plaisanterie dont le sens lui échappait ; mais, voyant que Georges avait parlé sérieusement, il répliqua :

— Cependant, mon bourgeois, quand on arrive on va toujours quelque part... je ne peux pas marcher au hasard dans Paris avec votre bagage sur le dos...

— Eh bien — dit Georges — conduisez-moi à l'hôtel...

— A quel hôtel, mon bourgeois?

— A celui que vous voudrez...

— Mais vous faut-il un hôtel *huppé?...* quelque chose dans le *grand genre?...*

— Non... non... — répondit vivement le jeune homme — je veux un hôtel convenable, mais bon marché...

— Alors, je sais ce qu'il vous faut, mon bourgeois... l'*hôtel de la Croix-de-Malte,* rue Grenetat... — C'est un peu loin, mais ça fera joliment votre affaire... — Ça vous va-t-il?

— J'ai de bonnes jambes... — allons à la *Croix-de-Malte...*

Georges était quelque peu séduit par l'appellation de cet hôtel — il lui trouvait du cachet — d'ailleurs le malheureux ne savait pas ce que c'était que la rue Grenetat.

Il ne le sut que trop tôt !

Arriver à Paris pour la première fois — y venir avec une âme de poète, une imagination d'artiste — se figurer quelque chose d'éblouissant, de presque fantastique — une ville orientale — un rêve des *Mille et une Nuits* solidifié — et tomber dans les boues noires et permanentes de la rue Grenetat.

Quelle désillusion ! quelle chute !...

Le préposé du fisc avait commencé le

réveil de Georges — la rue Grenatat l'acheva.

Du reste — disons-le tout de suite — l'*hôtel de la Croix-de-Malte*, quoique parfaitement sombre et hideux à l'extérieur, était propre au dedans — chose inestimable ! — et tenu par les plus honnêtes gens du monde.

Georges prit possession d'une assez grande chambre au troisième étage, et la jouissance de cette chambre lui fut assurée pour aussi longtemps qu'il le désirerait, moyennant la modique somme de un franc cinquante centimes par jour — autrement dit quarante-cinq francs par mois.

Le jeune homme ouvrit sa valise — fit une toilette rapide — serra dans un secrétaire ses œuvres inédites et ses douze cents francs — plus préoccupé de la sûreté de ses manuscrits que de celle de son argent.

Naïf breton !

Ceci fait, il mit la clé du secrétaire dans sa poche et sortit de la maison après avoir demandé quel chemin il lui fallait suivre pour gagner le boulevard.

Ni ce jour-là, ni les jours suivants, nous n'accompagnerons Georges dans ses pérégrinations à travers Paris.

Il voulait tout voir, et en quelque sorte tout voir à la fois.

Il sortait le matin — presque au point du jour — pendant douze heures de suite il marchait sans s'arrêter, explorant la grande ville dans tous les sens. — Le soir il allait au théâtre et ne rentrait qu'après minuit, pour recommencer le lendemain.

En moins d'une semaine de ce genre de vie il avait maigri de plusieurs livres, et il avait vu décroître son petit trésor d'une façon d'autant plus notable, que trouvant — et non sans raison — que sa mise provinciale offrait prise au ridicule, il s'était fait habiller complétement à neuf par un tailleur en réputation.

On comprend quelle brèche cette dépense imprévue avait produit dans les douze cents francs !

Par moments, Georges sentait se glisser dans un petit coin de son esprit, quelque chose d'assez semblable à une vague inquiétude.

Mais, aussitôt qu'il s'apercevait de la présence de cette visiteuse importune, il la chassait en se disant :

— Qu'importe ?... — demain, si je veux, j'aurai de l'or à n'en savoir que faire...

Enfin un jour arriva où il devint nécessaire de modifier cette formule rassurante, mais un peu trop vague.

Au lieu de se dire :

— Demain, si je veux...

Georges se dit :

— Demain, je voudrai.

Il ne lui restait plus que juste la moitié de la somme emportée par lui. — Il était temps d'agir !

En effet, le lendemain matin, Georges ne chercha même point à se convaincre lui-même que rien ne pressait et qu'il pouvait tarder encore — il se mit courageusement en campagne.

De ses trois productions, une surtout lui était plus particulièrement sympathique — son poëme armoricain — et c'est sur celle-là qu'il fondait ses principales espérances.

Naturellement il l'honora d'un tour de faveur, et c'est, armé du manuscrit des *Fiancés de l'Ile du Met*, qu'il se disposa à aller frapper à la porte des éditeurs.

Le premier auquel il s'adressa lui répondit carrément et impitoyablement que, depuis que Victor Hugo et Lamartine s'étaient faits des hommes politiques, il ne publiait plus de poésies...

— Cependant — répliqua Georges — ceux qui, comme moi, ont des poèmes en portefeuilles...

— Ceux-là les gardent pour eux ! — interrompit le libraire qui, au bout d'une seconde, ajouta à sa réponse, avec une goguenardise contente d'elle-même, cet atroce jeu de mot :

— Elle serait bien malade, mon cher monsieur, la maison de librairie de qui l'on pourrait dire aujourd'hui : — *les vers s'y mettent !...*

Puis, enchanté de son esprit, il se frotta les mains et se mit à rire.

Georges se boucha les oreilles et s'enfuit.

Il alla successivement chez deux ou trois confrères du premier éditeur.

Partout il obtint des réponses, différentes pour la forme, mais identiques pour le fond.

Il rentra à l'hôtel de la *Croix de Malte*, sinon tout à fait démoralisé, du moins bien découragé, et il se dit à lui-même, en ensevelissant les *Fiancés de l'Ile du Met* dans le plus profond des tiroirs de sa commode :

— Heureux celui qui comme moi a plus

d'une corde à son arc!... — Un poète, qui ne serait que poète, se trouverait en ce moment dans une jolie passe!... — Il ne lui resterait, puisqu'on dit que la poésie est morte, qu'à se jeter à l'eau pour aller la rejoindre!... — Par bonheur, le drame et le roman sont vivants, et bien vivants! — demain je tenterai de nouveau la fortune, et la fortune me sourira!...

Là-dessus il se coucha et il s'endormit, — s'efforçant de sourire à ses belles espérances, quoiqu'il eût le cœur un peu triste.

II

Le bureau du Lucifer.

Le lendemain — un peu plus tard que la veille — Georges se remit en chasse, emportant sous son bras le manuscrit d'*Alann et Guy-d'Hu* ou *les Pierres de Carnac*, roman en deux parties.

Il avait résolu de s'adresser d'abord aux journaux, parce que, pensait-il, l'immense publicité du feuilleton offrait toutes les conditions désirables pour révéler un génie encore inconnu, et pour populariser un nom.

— D'ailleurs les journaux sont riches — se disait Georges — et ils peuvent couvrir de billets de banque chacune des pages d'un chef-d'œuvre !...

En conséquence, il s'en alla droit à la porte de la plus illustre et de la plus répandue des feuilles publiques, et, par un miracle d'aplomb, il vint à bout de se faire introduire, sans avoir fait trop longtemps antichambre dans le cabinet du secrétaire de la rédaction, chargé de la partie littéraire.

Ce secrétaire était un homme jeune encore, doux et poli, et de la plus bienveillante apparence.

— Que puis-je pour vous, monsieur? — demanda-t-il à Georges.

— Vous pouvez beaucoup, monsieur — répondit le jeune homme...

— Mais encore?

— Je vous apporte un roman...

Et Georges déposa sur le bureau son manuscrit soigneusement empaqueté.

— Un roman déjà publié, sans doute? — fit le secrétaire — et dont vous voudriez que le journal rendît compte?...

— Non, monsieur, — un roman inédit, et que je souhaiterais voir paraître dans votre feuilleton...

Le secrétaire sourit.

— Permettez-moi, monsieur, de vous demander votre nom? — fit-il ensuite.

Georges se nomma.

— Vous avez publié peu de chose jusqu'à ce jour, je pense? — poursuivit le secrétaire.

— Rien absolument, monsieur; — ce livre est mon début...

— Je regrette, monsieur, d'être forcé de vous dire que, quelque soit le mérite de votre œuvre, il nous est impossible de la publier...

— Impossible?...

— Complétement.

— Mais, pourquoi cela ?

— Parce que, ce qu'il faut à notre feuilleton, ce sont des noms, et que vous n'en avez pas encore...

— Je m'en ferai un, monsieur! — s'écria Georges.

Le secrétaire sourit de nouveau.

Puis, il répliqua :

— Je le souhaite vivement, monsieur;

— quand ce nom sera fait, revenez nous trouver...

— Qui vous empêche — si j'ai une valeur réelle — de contribuer à la mettre au jour?...

— La raison que je viens de vous donner.

— Lisez au moins mon livre...

— A quoi bon? — mon opinion personnelle ne pourrait amener pour vous aucun résultat favorable...

— Cependant, monsieur, si vous trouviez que l'œuvre de l'auteur inconnu vaut mieux que les ouvrages signés de noms célèbres et que vous publiez sans conleste?... — j'admets que cela doive vous sembler improbable, et pourtant c'est possible...

— Très possible ; — mais que voulez-vous ? — un journal est, d'abord et avant tout, une affaire d'argent ; — il ne vit que par ses abonnés, — il doit tout leur sacrifier, afin de les conserver...

— Les abonnés se plaindraient-ils donc si vous leur donniez une œuvre excellente?...

— Oui, monsieur, ils se plaindraient...

Georges fit un brusque haut-le-corps.

— Ce que je vous dis là vous semble paradoxal — poursuivit le secrétaire —

et c'est cependant l'expression de la plus exacte, de la plus incontestable vérité. — Vous ne connaissez pas l'abonné, monsieur. — Individuellement il peut être homme d'esprit et de bon goût, — pris en masse, il devient le plus sot animal qui se puisse imaginer !... — La première chose qu'il regarde, lorsque son journal commence un roman nouveau, c'est le nom qui signe ce roman ; — s'il connaît ce nom, — si ce nom est célèbre, ou du moins si l'abonné le croit tel, — il se déclare satisfait et il savoure, chaque matin, avec une joie sans mélange, les plus indigestes *tartines*; — si, au contraire, une signature inconnue frappe ses regards, il se persuade que son journal fait des économies de rédaction en achetant au rabais des romans de pacotille, — il se blesse, — il s'irrite, — il trouve qu'on manque à tous les égards que mérite sa qualité d'abonné payant exactement et d'avance ; — il lit avec une parfaite et complète malveillance ; — il critique, il glose, il épilogue, et des nuées de lettres irritées et menaçantes pleuvent dans les bureaux du malheureux journal...

— Je vous crois, monsieur — murmura Georges tristement ; — et pourtant ce que vous me dites là est incroyable...

— Je n'ai pas même exagéré — répondit le secrétaire ; — je vous ai révélé le secret de la persistance avec laquelle, nous et nos confrères, publions les livres indigestes de certains littérateurs parfaitement idiots que je pourrais citer ; — il y aurait à faire là-dessus, pour un petit journal, un article assez piquant : — *les mystères de l'abonnement;* — l'abonné le lirait, — rirait en le lisant, mais ne changerait quoi que ce soit à sa façon de juger et d'agir...

Après l'explication, toute bienveillante, qui venait de lui être donnée, Georges n'avait rien à ajouter.

Il reprit son manuscrit et salua le secrétaire, qui l'accompagna jusqu'à la porte de son cabinet, avec quelques phrases polies en façon d'eau bénite de cour.

Le jeune homme commençait à s'inquiéter notablement; — cependant il s'efforçait de se persuader encore qu'il venait d'avoir affaire à un spirituel original, épris du paradoxe, et peu désireux de subir la fatigue, et peut-être l'ennui d'une longue lecture manuscrite.

Cette illusion dura peu.

Georges consacra, non-seulement ce jour tout entier, mais encore le reste de la semaine, à visiter les bureaux de rédaction de tous les journaux de Paris.

Partout le résultat fut le même, sauf cependant la politesse des réceptions.

En plus d'un endroit, Georges fut éconduit d'une façon à peu près grossière.

Son découragement prenait des proportions colossales!...

Il ne lui restait plus que la ressource des éditeurs.

Nos lecteurs se souviennent de l'accueil fait par ces messieurs à Ernest Pichat de la Chevallière. — (*Sœur Suzanne.*)

Cet accueil fut identiquement le même pour Georges, qui cependant avait du talent, tandis qu'Ernest n'en avait pas.

Le manuscrit du roman alla rejoindre, dans les poudreuses profondeurs d'un tiroir, le manuscrit du poème.

Complétement et profondément démoralisé, le pauvre Breton tenta la fortune du théâtre.

Pendant plusieurs semaines, *Konan le*

Têtu promena ses cinq actes et ses innombrables tableaux de direction en direction.

Georges aurait pu faire un touchant épilogue à son drame avec les multiples infortunes que le triste *Konan* eut à subir à la Porte-Saint-Martin, — à l'Ambigu, — à la Gaîté, — au Cirque et ailleurs encore !...

A la longue, *Konan* se lassa, quoique *têtu*, de ces pérégrinations sans résultat, et, tout fatigué, tout meurtri, tout éclopé, il vint prendre place auprès des *Fiancés de l'Ile du Met* et d'*Alann et Guy-d'Ilu*.

Ce jour-là, Georges eut un de ces mouvements d'atroce désespoir qui poussent un malheureux à se brûler la cervelle et à se jeter du haut d'un quatrième étage sur le pavé de la rue.

Mais Georges était Breton — Georges était croyant — il savait que l'homme n'est que le dépositaire de sa propre vie et n'en peut point disposer sans crime avant l'heure fixée par le maître suprême.

Il lutta contre son désespoir — il en triompha, et la crise finit par un torrent de larmes amères qui soulagèrent et qui rafraîchirent le pauvre jeune homme.

Cette crise eut son terme et Georges put envisager sa position avec calme et avec sangfroid.

Ni pour le présent, ni pour l'avenir, cette position n'était gaie et rassurante.

Les douze cents francs emportés de Bretagne diminuaient d'une manière effrayante, et tout au plus restait-il à Georges de quoi vivre pendant deux ou trois semaines.

Après ces trois semaines, que ferait-il ?

Sans doute, rien ne l'empêcherait de retourner en Bretagne où sa tante le recevrait à bras ouverts et verserait des larmes de joie en l'embrassant...

Mais, pour rien au monde, Georges ne se serait arrêté à ce dernier parti.

Nous savons déjà que dans la nature du jeune homme se trouvait une énorme dose d'amour-propre. — Il aurait mieux aimé mourir de faim à Paris que de se voir forcé d'avouer à mademoiselle Olympe qu'elle seule avait eu raison — qu'il s'était trompé sur son propre compte — que son génie n'existait pas, et qu'il avait pris des rêves et des illusions pour des réalités...

Ce n'est pas tout.

Georges avait un peu de l'entêtement du héros breton mis en scène par lui dans son drame.

Malgré tant de déceptions successives — malgré tant de coups si rudes frappés les uns après les autres sur chacune de ses espérances — Georges n'en était pas encore arrivé à douter de lui-même — il ne renonçait point à ses espoirs déçus — il ne brisait pas ses idoles.

— Ah ! se disait-il — ils ont beau faire !...
— ils n'empêcheront point que Dieu ait mis sur mon front l'étincelle sainte du génie !... — Vainement ils conspirent pour étouffer la flamme qui demande à naître ! — Cette flamme grandira, malgré eux — elle deviendra un incendie et les dévorera tous !... — Un jour viendra, et ce jour n'est pas loin peut-être, où ces hommes qui me dédaignent et qui me repoussent, reconnaîtront en moi leur maître et tomberont à mes pieds !...

Seulement Georges avait beau fouiller dans son imagination, si féconde d'ordinaire, il ne trouverait aucun moyen de produire au dehors le premier jet de cette flamme dont il se proposait de faire un incendie.

Or, chacun sait que, si ardent que soit un brasier, quand l'air lui manque pour s'aviver, il meurt étouffé bien vite.

En outre, le moment approchait où Georges allait se trouver sans un sou sur le pavé de Paris.

Un gentilhomme breton meurt de misère s'il le faut, mais ne tend pas la main pour implorer le pain de l'aumône...

Il fallait gagner sa vie...

Mais, comment?

Il y avait, à cette époque, parmi les organes les plus infimes de la presse parisienne, un petit journal assez mal famé, partageant ses étroites colonnes entre les *blagues* d'une politique charivaresque — les *cancans* du monde interlope, les anecdotes mensongères d'un prétendu grand monde, et les nouvelles théâtrales.

Ce petit journal s'appelait *Le Lucifer*.

Spirituel quelquefois — méchant toujours — *Le Lucifer* s'adressait à cette classe de gens riches et corrompus, blasés et désœuvrés, qui ont besoin de piment et de sauces incendiaires pour raviver l'appétit de leur estomac, et de scandale et de calomnies pour réveiller celui, non moins éteint, de leur intelligence. — *Le Lucifer* était en outre journal de théâtres. — Il renseignait ses abonnés et ses lecteurs au sujet de tous les spectacles de Paris — il les tenait au courant de la chronique galante des coulisses — il consacrait deux ou trois colonnes, chaque jour, à enregistrer les faiblesses amoureuses et pécuniaires des reines de la rampe et de l'avant-scène. — Il ne dédaignait point d'entreprendre des excursions dans les faciles boudoirs de Bréda-Street et dans ceux du quartier Saint-Georges. — C'était enfin, par excellence, le journal de la démoralisation publique.

Mais tel n'était point *le Lucifer* au moment où Georges arrivait à Paris et voyait toutes ses espérances et toutes ses illusions sombrer l'une après l'autre dans l'océan sinistre de la réalité.

Le Lucifer, alors, vivotait, plutôt qu'il ne vivait, dans une obscurité à peu près complète, grâce aux cafés qui le recevaient et à un certain nombre d'acteurs et d'actrices dont on *forçait* l'abonnement par les procédés si bien connus aujourd'hui du *chantage littéraire*.

Cette *feuille de choux* (c'est le mot technique) essayait bien d'être venimeuse et malfaisante, mais la publicité lui manquait, et ses meilleurs coups de stylet n'avaient guère plus d'importance que de pauvres petits coups d'aiguille.

Une douzaine de jeunes bohêmes de lettres, parfaitement affamés pour la plupart, formaient le noyau de la rédaction du *Lucifer*.

Quant au rédacteur en chef, personnage

curieux s'il en fut, nous parlerons de lui dans un instant.

Au-dessus de la porte cochère d'une haute et sombre maison du faubourg Montmartre, on voyait, sur une planche noire, ces mots peints en lettres jaunes :

LE LUCIFER

JOURNAL QUOTIDIEN.

Les bureaux sont au fond de la cour, à gauche.

Georges, passant un jour devant la porte en question, leva les yeux par hasard et vit l'écriteau.

Le Lucifer était peut-être le seul journal auquel il ne se fût pas adressé jusqu'à ce moment. — Ses trois dernières pièces de cent sous balottaient au fond de sa poche — déjà il avait songé à vendre ou à engager la montre d'or qui lui venait de son père, seule débris d'une fortune engloutie.

— Si j'essayais encore?... — se dit-il en s'arrêtant — qu'importe un refus de plus ou de moins!... — au naufragé qui n'espère rien, toute planche de salut est bonne...

Et, en se parlant ainsi à lui-même, il franchissait le seuil de la porte cochère.

La cour était longue, étroite et profondément encaissée entre les hautes murailles de quatre bâtiments à six étages.

Nous ne saurions donner une idée plus

exacte de cette cour, qu'en la comparant à une gigantesque citerne.

Jamais un rayon de soleil ne tombait sur son pavé toujours humide — au milieu du jour il y faisait sombre — malgré soi, en la traversant, on levait les yeux vers le ciel, et l'on s'attendait à voir briller des étoiles en plein midi.

Les bureaux *du Lucifer*, indiqués au public par un second écriteau de petite dimension, se trouvaient au rez-de-chaussée, à gauche.

Ces bureaux ne se composaient que de deux pièces — une sorte d'antichambre, où l'unique employé recevait les abonnements, et une chambre plus vaste servant de cabinet de rédaction.

Georges entra dans l'antichambre.

L'extrémité opposée à la porte était encombrée de ballots de papiers destinés au tirage du journal. — Sur un de ces ballots était assis un *porteur*, gros homme en blouse, coiffé d'une casquette de peau de loutre et manchot du bras gauche.

L'*employé*, vêtu d'une redingote noire, luisante sur toutes les coutures et privée de la majeure partie de ses boutons, traçait des lignes à l'encre rouge sur les pages d'un registre placé devant lui sur un pupitre de bois noir.

Au-dessus de ce pupitre se voyait des cases contenant, par ordre de dates, les derniers numéros du Lucifer.

L'employé portait un bonnet de coton noir sur des cheveux rares et huileux, dont quelques mèches ébouriffées venaient graisser le collet déjà indescriptiblement gras de sa redingote.

Malgré sa misère prochaine, Georges était vêtu avec élégance — nous savons d'ailleurs que son visage et sa tournure offraient une grande distinction et ce je ne sais quoi qui décèle une nature aristocratique.

L'employé ôta son bonnet de coton noir, salua et quitta son fauteuil de paille.

Pendant une ou deux secondes, Georges resta stupéfait à l'aspect de la figure drôlatique qui s'offrait à lui.

Imaginez, sur un corps long, maigre, dégingandé, une petite tête pointue — un petit visage blafard, coupé en deux par un nez mince et interminable, imitant fort exactement, quant à la courbure, le bec affilé d'un oiseau de proie.

Imaginez un œil noir, large et rond, sans cesse en mouvement.

Nous disons *un œil*, car, en réalité, l'employé n'en possédait qu'un seul — l'autre avait été crevé jadis, et sa prunelle blanche et terne restait dans une immobilité absolue.

Imaginez enfin une vaste bouche, meublée d'une dent unique — dent fabuleuse et invraisemblable — qui soulevait la lèvre supérieure et affectait une attitude menaçante, comme la défense d'un sanglier.

Certes, Georges n'était rien moins que disposé à la gaîté, et cependant il eut toutes les peines du monde à garder son sérieux en face de ce personnage plus que bizarre.

Il y parvint cependant.

— Monsieur vient sans doute pour un abonnement? — demanda l'employé.

— Non, monsieur... — répliqua Georges.

— Alors, c'est pour une réclamation?...

— Non, monsieur...

— C'est donc pour un renseignement?

— Pas davantage.

L'employé était à bout de suppositions.

— J'attends que monsieur veuille bien s'expliquer... — fit-il.

— Je désirerais parler à monsieur le rédacteur en chef...

— Pour affaire de rédaction ?

— Précisément.

— M. Bourguignon de Saint-Sylvain n'est pas au bureau dans ce moment. Mais, si monsieur veut me dire de quoi il est question, je me chargerai de le rapporter exactement à M. de Saint-Sylvain.

Ceci ne faisait pas le moins du monde l'affaire de Georges.

— Non — répliqua-t-il — j'ai des raisons particulières pour ne parler qu'à M. le rédacteur en chef...

— Mais, monsieur, il est absent...

— Il reviendra, sans doute?

— C'est probable...

— A quelle heure?

— On ne peut pas trop savoir... M. de Saint-Sylvain n'a pas d'heure fixe...

— Eh bien ! je l'attendrai...

— Ce sera peut-être bien long.

— Peu m'importe — j'ai tout mon temps à moi...

Et, comme il n'y avait d'autre siége dans l'antichambre que celui de l'employé, Georges fit mine de s'asseoir sur un ballot, comme le porteur.

L'homme maigre, à l'œil unique et à la dent solitaire, parut hésiter pendant quelques secondes sur le parti auquel il lui convenait de s'arrêter en cette occurrence.

Puis, se tournant vers Georges, il reprit :

— Monsieur, j'ai une consigne...

— Ah ! — fit Georges — et cette consigne ?...

— C'est de répondre que M. le directeur est absent... — Moi, j'obéis, vous comprenez... — Le fait est que M. de Saint-Sylvain est dans la salle de rédaction, mais il travaille et ne veut voir personne... — Il est deux heures à peine et ces messieurs n'arrivent jamais avant trois heures, — aussi, jusqu'à trois heures, porte close. — M. de Saint-Sylvain fait de la copie, et moi j'exécute la consigne...

— Et vous avez raison — répliqua Georges. — J'attendrai jusqu'à trois heures.

— Ah! c'est que, monsieur, je vais vous dire : — une fois que ces messieurs du journal sont là, c'est un vacarme, un tohu-bohu à ne pas s'entendre, et ça devient difficile de causer avec M. le rédacteur en chef...

— Mais — fit observer le jeune homme en souriant — si c'est difficile *après* trois heures, il paraît que c'est impossible *avant*... — Comment donc faire?...

— Si monsieur veut bien me dire son nom, je prendrai sur moi de déranger M. de Saint-Sylvain, et de le prévenir que monsieur insiste beaucoup pour lui parler sur-le-champ.

— Voici ma carte — répondit Georges — et je vous remercie de votre obligeance...

L'employé prit la carte et passa dans la seconde pièce.

On entendit presque aussitôt une voix rude s'écrier :

— Eh bien! qu'il entre, ce monsieur...

III

Un journaliste-type.

L'employé sortit en même temps et dit à Georges :

— Monsieur le rédacteur en chef vous recevra — vous pouvez entrer, monsieur.

Le jeune homme ne se le fit pas répéter

deux fois et se précipita dans la salle de rédaction.

Cette pièce, de moyenne grandeur, était à peine meublée, et si obscure que le besoin d'un éclairage quelconque s'y faisait sentir à toute heure du jour.

Au milieu se voyait une grande table ronde, recouverte d'un tapis vert taché d'encre et surchargé de journaux, de brochures, et de volumes coupés et non coupés.

Il y avait en outre sur cette table un certain nombre de petits carrés de papier, destinés à recevoir les improvisations des rédacteurs.

Une vieille écritoire en plomb — de celles dont se servent les élèves des écoles primaires — trônait fièrement au centre des paperasses.

Quelques plumes, ébouriffées et tordues pour la plupart, étaient disséminées çà et là et montraient d'une façon sournoise et menaçante leurs becs noirs et crochus.

On eût dit que ces plumes s'apprêtaient à mordre.

Un petit poële de faïence — rarement allumé, même en hiver — envoyait son tuyau de tôle rejoindre le conduit de la cheminée.

Sur ce poële s'étalaient une carafe d'eau à moitié vide et quatre ou cinq verres qui, la veille, avaient dû contenir de l'absinthe.

Ces messieurs de la rédaction, en leurs

jours de fortune, se cotisaient volontiers pour envoyer le porteur ou l'employé leur quérir pour cinquante centimes de la précieuse liqueur chez le marchand de vin le plus proche, et alors ils savouraient, dans le cabinet de la rédaction, le mélange couleur d'opale, tout en discutant ou disputant, en échangeant des mots *spirituels*, des calembourgs ou des injures.

Le bureau du rédacteur en chef, bureau modeste s'il en fut, était placé contre l'une des fenêtres, de manière à recevoir les rayons douteux et égarés au fond de la cour. — Un des tiroirs contenait la caisse — le soir, en s'en allant, M. de Saint-Sylvain emportait chez lui jusqu'au dernier sou, et n'était jamais bien lourdement chargé.

Sept ou huit caisses, foncées de crin noir, complétaient le mobilier.

Nous avons dit plus haut que le rédacteur en chef était un type des plus curieux — nous allons le prouver, et nous défions quiconque a mis le pied dans le petit journalisme d'il y a quelques années, ne fut-ce que pendant quinze jours, de contester l'exacte ressemblance du rapide croquis que nous tracerons en quelques coups de plume.

M. de Saint-Sylvain était un homme de soixante-cinq à soixante-huit ans, très grand, très épais, avec un torse herculéen et des épaules larges à porter le monde.

Son crâne fort développé et luisant comme du vieil ivoire, offrait une calvitie absolue, sauf une couronne de petits cheveux absolument blancs, qui frisottaient autour de la nuque.

Sa figure était grasse et blanche, avec des joues un peu pendantes et des méplats fortement accusés. — Sans les moustaches blanches, épaisses, rudes et taillées en brosse, cette tête aurait présenté un cachet monacal très réel et très remarquable.

Les yeux, noirs et vifs, se dérobaient à demi sous des sourcils en broussailles, grisonnants et ébouriffés.

M. de Saint-Sylvain avait de grosses mains, courtes et grasses, aux ongles durs et carrés — ses pieds, extrêmement sensibles et chaussés de peau molle, étaient ceux d'un vrai paysan.

Toujours uniformément vêtu d'un paletot gris, d'un pantalon de la même couleur et d'une cravate blanche — son chapeau à larges bords posé très en arrière sur sa tête — et portant invariablement sous le bras gauche un gigantesque portefeuilles, gonflé de papiers, le rédacteur en chef était persuadé que, dans la rue, on le prenait pour un ministre.

Cette innocente conviction donnait à son amour-propre les joies les plus vives et les plus naïves.

A entendre parler M. de Saint-Sylvain, on devait le prendre pour un ancien lieutenant-colonel en retraite.

Sa voix brève et sèche avait en toute

circonstance la brusque intonation du commandement militaire.

Quand il s'animait dans la discussion, ce qui lui arrivait régulièrement cinq ou six fois par jour, son organe devenait éclatant comme la trompette du jugement dernier, et il était sûr d'avance d'avoir raison de son adversaire, assourdi et abasourdi par cette explosion de cris aigus et de paroles stridentes.

La contradiction faisait sur lui le même effet que l'eau bénite produit, dit-on, sur messire Satan.

En face d'un contradicteur, le rédacteur en chef se démenait — se convulsionnait et rugissait.

Sa figure pâle devenait pourpre — les yeux semblaient prêts à jaillir de leurs orbites — l'écume se manifestait aux coins de la bouche — les veines du front et des tempes se gonflaient outre mesure — enfin l'apoplexie ou la paralysie semblaient imminentes.

Ces messieurs de la rédaction s'amusaient assez souvent à se donner le spectacle de ces tempêtes qu'un rien provoquait.

Nous devons ajouter que, s'il suffisait d'une seconde pour les faire naître, une minute suffisait pour les calmer.

L'axiôme favori, la croyance dominante de M. de Saint-Sylvain, étaient que le *journalisme mène à tout*.

Sans doute, cette croyance s'enracinait d'autant plus fortement dans son esprit, qu'ayant fait du journalisme toute sa vie il n'était jamais arrivé à rien.

A force de poser en principes et d'exploiter certains paradoxes, on finit par y croire soi-même. — C'est là ce qui était arrivé au vieux rédacteur en chef.

Dès l'âge le plus tendre, M. Bourguignon de Saint-Sylvain, appartenant à une famille parlementaire des plus honorables, s'était senti mordre au cœur par l'amour effréné du libelle, du pamphlet, en un mot du petit journal.

Maître à vingt ans de lui-même et de sa fortune, il la consacra toute entière à fonder divers recueils littéraires, anecdotiques et critiques, dont les titres mêmes sont parfaitement inconnus de notre génération.

Un journal à soi — a dit je ne sais quel homme d'esprit — *est beaucoup plus cher que la plus coûteuse maîtresse.*

Ceci est exact.

A moins d'avaler à son souper, comme fit Cléopâtre, des perles d'Orient fondues, il est impossible que la plus exigeante des impures ait assez d'imagination pour inventer chaque matin quelque exorbitante fantaisie, avec l'inexorable régularité du journal qui présente invariablement sa note quotidienne de rédaction, de composition, d'impression, etc...

M. Bourguignon de Saint-Sylvain en acquit à ses dépens la douloureuse expérience.

Les feuilles légères, créées par lui, engloutirent en trois ou quatre ans la totalité de sa fortune.

Ce désastre ne l'inquiéta guère.

Il se dit qu'il continuerait, avec l'argent des autres, ce qu'il ne pouvait plus faire avec le sien, et il se mit à fonder des journaux par actions.

Ceci se passait à une époque où la fièvre de la spéculation dévorait Paris.

On se souvient encore aujourd'hui de ce beau temps de la *commandite*, où le premier aventurier venu pouvait faire pleuvoir des écus dans sa caisse, sous prétexte de *capital social*, par la seule annonce d'un bitume quelconque à extraire des carrières de Montmartre, ou d'un nouveau et admirable procédé pour exploiter les mines d'argent de la Lune.

Aucune entreprise insensée ou ridicule qui ne recrutât des actionnaires.

M. de Saint-Sylvain en trouva comme les autres et vaporisa à maintes reprises des capitaux importants sous les presses mécaniques de toutes les imprimeries de Paris, — et cela le plus loyalement et le plus honnêtement du monde; car, dans le sens de la probité la plus stricte, M. de Saint-Sylvain était un honnête homme.

Il se payait ses appointements de rédacteur en chef et de gérant, — il se payait sa rédaction, — mais, en dehors de ces rétributions légitimes, il ne mettait pas un centime dans sa poche et n'autorisait aucun abus, aucun gaspillage.

L'argent s'épuisait, — le journal cessait de paraître, — les actionnaires étaient floués; — mais M. de Saint-Sylvain n'en était point cause et n'avait rien à se reprocher...

Pourquoi ces paltoquets d'abonnés ne venaient-ils pas ?...

Pendant un laps de quelques années, on vit naître, s'étioler, mourir successivement le *Scorpion* — *l'Argus* — le *Pirate* — le *Petit*

Homme rouge — le Lynx — les Papillottes — le Chroniqueur — l'Espion anglais et un certain nombre d'autres feuilles de choix dont les titres nous échappent.

Tous les trois mois, ou environ, M. de Saint-Sylvain avait un journal tué sous lui.

Un beau matin, cette hécatombe littéraire eut un terme forcé.

Le journaliste émérite lança à vingt mille exemplaires le prospectus séduisant d'un nouveau journal satyrique, *le Diable-Boiteux*. — En même temps, il faisait un appel aux capitaux désireux de rapporter de gros intérêts et de toucher de forts dividendes.

Les capitaux firent la sourde oreille aux séduisantes promesses du prospectus en question.

M. de Saint-Sylvain demandait cent mille francs, — il ne lui arriva pas même cent sous.

Le métier de fondateur de journaux était, pour le moment, un métier perdu.

L'ex-rédacteur en chef résolut de faire autre chose, en attendant que les temps fussent redevenus favorables. — Il utilisa ses nombreuses relations avec le monde littéraire, artistique et théâtral, et il se métamorphosa en auteur dramatique, grâce à une douzaine de collaborateurs bien posés dans les théâtres de Paris.

Il fit jouer ainsi une vingtaine de mélodrames et de vaudevilles, dont quelques-uns obtinrent un très grand succès et rapportèrent beaucoup d'argent.

M. de Saint-Sylvain mit de côté la presque totalité de ses droits d'auteur, et quand la somme fut assez ronde, il laissa le théâtre de côté et fonda un nouveau journal qu'il appela le *Révélateur*.

Ce journal parut d'abord devoir se soustraire au sort funeste de ses aînés. — Sans doute il y avait en lui quelques-unes des conditions de vitalité qui leur manquaient. — Il eut des abonnés, — il en eut même en assez grand nombre pour devenir, pécuniairement parlant, une affaire passable.

M. de Saint-Sylvain triomphait.

— Ah! je le savais bien! — se disait-il à lui-même — je le savais bien, qu'un jour ou l'autre le succès couronnerait mes efforts!... — me voilà parti, — Dieu sait où je m'arrêterai... — le journalisme mène à tout!!...

Et il se voyait déjà millionnaire — député — directeur de l'Opéra — et toujours journaliste.

Ce décevant mirage eut un terme fatal.

Le Révélateur, fidèle à son titre, fit un beau matin une révélation inopportune.

Les gens attaqués montrèrent les dents — c'étaient de gros bonnets — le pauvre journal avait eu grand tort de s'attaquer à trop forte partie !... — le combat du pot de fer et du pot de terre se renouvelait.

Les tribunaux furent saisis d'une plainte en diffamation — le procès eut un grand retentissement, et son issue ne pouvait être douteuse.

Le Révélateur fut condamné, dans la personne de son rédacteur en chef, à trois mois de prison, à une amende, et à une somme considérable de dommages-intérêts ; — de plus, on fixa à un an la durée de la contrainte par corps.

C'était donner au journal un coup mortel.

M. de Saint-Sylvain ne possédait pas la

moitié des sommes au paiement desquelles il était condamné.

Il passa treize mois en prison, et *le Révélateur* cessa de paraître.

IV

Scènes de la vie littéraire.

Au fond, M. de Saint-Sylvain avait bien raison de dire que le *journalisme conduisait à tout.*

Ainsi qu'on vient de le voir, il l'avait conduit à la Conciergerie et à Clichy!...

Il sortit enfin de prison, et à peine avait-il reconquis sa position d'homme libre, qu'il s'efforçait de recommencer cette odieuse vie de journalisme dont rien au monde ne pouvait le dégoûter.

La feuille humide et nauséabonde d'une *épreuve* de journal était pour lui la plus belle, la plus adorée de toutes les maîtresses — une de ces maîtresses qui s'emparent du corps et du cœur, de l'intelligence et de la volonté — qui trompent et qu'on aime — qui raillent et qu'on aime — qu'on aime enfin quand même et malgré tout!... — qu'on aime d'autant plus qu'on a plus souffert pour elles et par elles!

Seulement M. de Saint-Sylvain dut se

résigner à descendre d'un échelon dans la hiérarchie si infime déjà du bas journalisme parisien.

Les moyens et même l'espoir de fonder un nouveau journal lui manquaient absolument. — D'autocrate qu'il avait été jusqu'alors, il lui fallut devenir simple rédacteur, et obéir au lieu de commander. — Il lui fallut enfin gagner son pain quotidien à la pointe de sa plume.

Dieu sait qu'il le gagna mal et surtout péniblement!... — non pas qu'il fût absolument dépourvu d'un certain talent — il avait de l'esprit, de la verve et du trait, mais tout cela avait vieilli; c'était l'esprit d'une autre époque, auquel l'actualité et l'à-propos faisaient défaut presque toujours.

Nous savons d'ailleurs que le vieux journaliste n'admettait pas volontiers la contradiction et la critique — et il se voyait contraint de subir en silence l'une et l'autre, et de ronger son frein.

Certes, ce fut la période la plus malheureuse de sa vie — en moins d'une année, ses cheveux grisonnants avaient complétement blanchi.

Si cette existence s'était prolongée quelque temps encore, le pauvre Saint-Sylvain serait mort à la tâche — une circonstance inattendue vint remettre en ses mains le bâton de commandement, qui, pour lui, était mieux qu'un sceptre impérial.

Le *Lucifer* appartenait à un marchand de papiers en gros, qui l'avait fondé dans le double but d'écouler d'une façon avantageuse quelques-uns des ballots sortis de sa fabrique, et de se procurer gratuitement des billets de spectacle pour lui, pour sa famille et pour ses amis.

A la suite d'une discussion assez vive dont nous n'avons point à rechercher les causes, ce marchand de papier se brouilla avec son rédacteur en chef, le cassa aux gages et offrit sa place à M. de Saint-Sylvain qu'il connaissait de longue date.

Le vieux journaliste pensa mourir de

joie, foudroyé qu'il fut par cette proposition inespérée.

Bientôt même le marchand de papier, désireux de se retirer des affaires et de quitter Paris, lui vendit son journal pour une somme modique, payable à des termes fort éloignés.

M. de Saint-Sylvain devint donc le seul et unique propriétaire du *Lucifer*.

A soixante ans passés qu'il avait alors, il commençait à comprendre qu'il jouait sa dernière partie et qu'il était perdu si le journal périclitait entre ses mains. — En conséquence, il employa tous les moyens pour le soutenir, et le principal de ces moyens fut le chantage pratiqué à l'égard des artistes dramatiques pour les contraindre à l'abonnement, le couteau sur la gorge.

Pour tout comédien, pour toute actrice non abonnés, *le Lucifer* se montrait féroce, et sa critique atteignait souvent les proportions de la personnalité et de l'insulte.

Et pourtant, M. de Saint-Sylvain n'était point méchant — tant s'en faut! — nous affirmerions même volontiers que ce journaliste fossile avait un reste de cœur sous son portefeuille de ministre.

Mais, la nécessité commandant, il obéissait, et l'abonnement était pour lui une question de vie ou de mort.

Il aimait à s'entourer de très jeunes gens, qu'il appelait ses *petits crétins*, et qu'il traitait habituellement comme des nègres, tout en leur répétant à satiété que le journalisme conduisait à tout.

Il les faisait travailler beaucoup, les payait excessivement peu, les injuriait à cœur joie, et les menaçait à tout propos de *les jeter à la porte de la rédaction.*

Tel était l'homme auquel Georges de Coësnon allait s'adresser, et sur lequel il comptait, sans le connaître, comme sur son unique planche de salut.

Au moment où le jeune breton fut introduit par l'employé borgne auprès du rédacteur en chef, ce dernier, fort mécontent d'être dérangé au milieu de l'élaboration difficile d'un article *important*, fronçait notablement ses sourcils en broussailles, ce qui donnait à son visage une expression des plus rébarbatives.

— Vous avez insisté pour me parler, monsieur — fit-il brusquement — qu'est-ce que vous avez à me dire ?

— J'ai une requête à vous adresser, monsieur — répondit Georges que cet accueil farouche ne déconcerta point.

Depuis quelques jours le pauvre garçon en avait vu bien d'autres !

— Une requête? — répéta le vieillard.

— Oui, monsieur.

— Laquelle?

— Je voudrais travailler au spirituel journal que vous dirigez avec tant de talent et de succès...

Le gâteau de miel de ces louanges ne parut point produire son effet.

Les sourcils du vieillard ne se disjoignirent pas.

— Ah! ah! — s'écria-t-il — vous voulez écrire, vous?

— Oui, monsieur.

— Et qu'avez-vous fait jusqu'à présent?

— J'ai fait un poème — un roman et un drame.

— Eh! bien, faites jouer l'un et imprimer les autres...

— J'ai essayé, monsieur, mais j'ai trouvé toutes les portes fermées devant moi...

— C'est que tout cela était mauvais, probablement, prose et vers !...

— Je ne le crois pas, monsieur...

— Peste ! quel amour-propre !... Et pourquoi ne le croyez-vous pas, s'il vous plaît ?

— Parce que, sans être orgueilleux, chacun a la conscience de sa propre valeur — et, d'ailleurs, si l'on a refusé mes œuvres ce n'est point parce qu'on les trouvait faibles ou détestables — personne n'a seulement pris la peine d'ouvrir un de mes manuscrits...

— Eh! bien, que voulez-vous que j'y fasse! — Je ne suis pas un éditeur, moi, pas plus qu'un directeur de théâtre!...

— Non, monsieur, mais vous êtes propriétaire d'un journal et vous pouvez me faire travailler à ce journal...

— Ah! vous vous figurez cela, vous?

— Oui, monsieur.

— Eh bien, vous vous trompez, monsieur, vous vous trompez entièrement et grossièrement!... — Mes rédacteurs sont au complet!... j'en ai assez!... j'en ai trop!

— huit ou dix *petits crétins* qui me font damner, et qui, à eux tous, n'ont pas plus d'esprit qu'un simple imbécille! — Mieux vaudrait en jeter les deux tiers à la porte que de leur adjoindre quelqu'un... voilà mon opinion...

— Ainsi, monsieur, il vous est impossible d'agréer ma demande?...

— Oui, monsieur, impossible...

— Il ne me reste donc qu'à vous demander pardon de vous avoir dérangé... ajouta Georges tristement.

Puis, après avoir salué, il se dirigea vers la porte.

Le vieux journaliste le suivit des yeux jusqu'au seuil.

— Jeune homme — dit-il au moment où Georges mettait la main sur le bouton de la serrure — écoutez !

Georges revint sur ses pas.

M. de Saint-Sylvain l'examina du haut en bas, pendant une seconde, et reprit :

— Ah! ça, vous êtes un élégant, vous! — vous devez être riche...

— Riche! — répéta Georges avec un sourire amer — riche!...

Et l'intonation avec laquelle il prononça ce seul mot, équivalait à la plus complète, à la plus explicite de toutes les réponses.

— Ah ! — poursuivit alors M. de Saint-Sylvain — ah ! vous êtes pauvre ?...

— Oui, monsieur.

— Très pauvre ?

— On ne peut pas plus pauvre.

— Mais enfin, vous avez une ressource

quelconque? — vous travaillez dans quelque bureau ?...

— Non, monsieur.

— Au moins, vous avez votre famille à Paris?

— Une vieille tante, la seule personne qui me reste de toute ma famille, habite le fond de la Bretagne...

— Alors, comment êtes-vous ici, vous?

— J'ai obéi à une irrésistible vocation, monsieur — j'ai cru à mon talent — j'ai cru que ce talent me conduirait à tout...

— Il n'y a que le journalisme qui conduise à tout... — grommela M. de Saint-Sylvain entre ses dents.

Georges poursuivit :

— J'ai cru tout cela, monsieur, et sur la foi de ces illusions, j'ai quitté la Bretagne — je suis venu — j'ai vu — j'ai été vaincu, — voilà mon histoire en quatre mots — elle ne ressemble pas beaucoup, comme vous voyez, à celle de César...

— Ainsi, — continua le vieillard, toujours de sa voix dure et brutale — quand vous me demandiez, tout à l'heure, de vous faire travailler au journal, c'était pour vous une question d'existence?...

— C'était une question de vie ou de mort, — oui, monsieur...

FIN DU PREMIER VOLUME.

TABLE DES CHAPITRES

PREMIÈRE PARTIE.
Le château de Piriac.

		Pages
Chap.	I. Un pays à vol d'oiseau	3
—	II. Le château de Piriac. — Portraits de famille.	31
—	III. M. de Piriac	53
—	IV. De l'influence des révolutions sur la position et le caractère d'un gentilhomme breton.	93
—	V. Repas de famille	115
—	VI. Les Coësnon.	147
—	VII. Georges	171
—	VIII. Une vocation	189

DEUXIÈME PARTIE.
Comment on devient journaliste.

Chap.	I. Illusions perdues	229
—	II. Le bureau du Lucifer	245
—	III. Un journaliste-type	279
—	IV. Scènes de la vie littéraire . .	299

FIN DE LA TABLE.

Fontainebleau. — Imp. de E. Jacquin.

Le Spectre de Châtillon, par Élie Berthet.	5 vol.
Un Zouave, par Charles Deslys.	5 vol.
Le Lord de l'Amirauté, par Adrien Robert	3 vol.
Un Portier qui se dérange, par Marc Leprevost.	3 vol.
La Nanette, par Prosper Vialon.	3 vol.
Le comte de Vermandois, par le bibliophile Jacob	7 vol.
Georgine, par madame Ancelot.	2 vol.
Une Anglaise sur le continent, par Prosper Vialon.	4 vol.
Histoire de ma vie, par George Sand.	20 vol.
La comtesse de Bossut, par la comtesse Dash	3 vol.
Un Monde inconnu, par Paul Duplessis.	2 vol.
La Pénélope normande, par Alphonse Karr.	2 vol.
La Perle du Palais-Royal, par X. de Montépin.	3 vol.
Une Passion diabolique, par Maximilien Perrin.	2 vol.
Sophie Printemps, par Alexandre Dumas fils	2 vol.
La Princesse Palatine, par la comtesse Dash	3 vol.
Le Capitaine Bravaduria, par Paul Duplessis.	2 vol.
La famille Jouffroy, par Eugène Sue.	7 vol.
Le corps franc des Rifles, par Mayne-Reid.	4 vol.
L'Ensorcelée, par Barbey d'Aurevilly.	2 vol.
Les Hommes des Bois, par le marquis de Foudras	2 vol.
Blanche fleur, par Paul Féval	2 vol.
Deux routes de la vie, par G. de la Landelle	4 vol.
La belle Aurore, par la comtesse Dash.	6 vol.
L'Idiot, par Xavier de Montépin.	5 vol.
Le Coureur des Bois, par Gabriel Ferry	7 vol.

Fontainebleau. — Imp. de E. Jacquin.

www.ingramcontent.com/pod-product-compliance
Lightning Source LLC
Chambersburg PA
CBHW060627170426
43199CB00012B/1466